EVA-MARIA BAST | HEIKE THISSEN

Bayreuther
Geheimnisse

50 SPANNENDE GESCHICHTEN AUS
DER FESTSPIEL-STADT

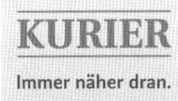

KURIER

Immer näher dran.

Bast, Eva-Maria; Thissen, Heike
Bayreuther Geheimnisse – 50 spannende Geschichten aus der
Festspiel-Stadt

NORDBAYERISCHER KURIER in Kooperation mit:
Bast Medien GmbH
St.-Ulrich-Straße 11, 88662 Überlingen (verantwortlich)
3. Auflage 2023
ISBN: 978-3-946581-62-8

Copyright: Bast Medien GmbH
Lektorat: Lena Bast
Covergestaltung: Cornelia Müller, Jarina Binnig
Layout: Jarina Binnig | Homebase – Kommunikation & Design
Grafik: Jennifer Krebs
Satz: Jarina Binnig
Druck: Mohn Media Mohndruck GmbH, Gütersloh

Ein Titel aus der preisgekrönten Reihe „Geheimnisse der
Heimat"

Inhalt

3

Vorwort

W ussten Sie, dass es bis in die 1930er-Jahre in Bayreuth einen Türmer gab? Einen Mann, der mit Frau und Kindern auf dem Turm der Stadtkirche über den Dächern Bayreuths lebte und Tag und Nacht aufpassen musste, ob irgendwo in der Stadt Feuer ausbrach? Ist Ihnen schon mal die unscheinbare Markierung aufgefallen, an einem Garten im Stadtteil „Neuer Weg", die an das verheerende Main-Hochwasser von 1909 erinnert, als „die Sintflut über die Stadt hereinbrach"? Oder kennen Sie das T-förmige Symbol an der Stadtpfarrkirche, über dessen Bedeutung es zwar Mutmaßungen, aber keine Gewissheit gibt?

Bayreuth hat viele Geheimnisse. Die einstige Residenzstadt, die einmal im Jahr für fünf Wochen zur Welt-Opernhauptstadt wird, hat eine vielfältige Geschichte, auch ohne Richard Wagner. Das hat mit politischen Wirren zu tun (etwa der Zugehörigkeit zu Preußen), mit den davon nicht zu trennenden religiösen Veränderungen (als Bayreuth protestantisch wurde), vor allem aber hat es mit ihren Bewohnern zu tun, die seit vielen Jahrhunderten bemüht waren, ihre Heimat voranzubringen, sie wirtschaftlich und kulturell prosperieren zu lassen.

Lokalgeschichte ist spannend, vor allem dann, wenn sie vom Leben der einfachen Menschen erzählt. Noch spannender ist Lokalgeschichte, wenn sie Hintergründe liefert, beispielsweise zu Häusern, Symbolen, Bildern, an denen wir Bewohner dieser Stadt tagtäglich ganz selbstverständlich vorbeilaufen, ohne deren Bedeutung und Ursprung, ja, deren Geheimnisse zu kennen.

Solche Geheimnisse aufzuklären, das ist die Leidenschaft von Eva-Maria Bast und Heike Thissen. Die beiden Journalistinnen haben 2010 angefangen, den Geheimnissen in ihrer Heimatstadt Konstanz auf den Grund zu gehen.

Daraus wurde erst eine preisgekrönte Serie in der Regionalzeitung Südkurier, dann ein Buch und noch eins und noch eins. Vor einem Jahr haben die beiden jungen Frauen auch den Weg nach Bayreuth gefunden, um hier Geheimnisse aufzuspüren. In Zusammenarbeit mit dem Nordbayerischen Kurier haben sie Zeitzeugen und Geschichtsinteressierte besucht, die zum Beispiel erklären konnten, warum es an so vielen öffentlichen Sandsteingebäuden Rillen im Mauerwerk gibt. (Die Erklärung ist schlüssig, aber sie wird im Vorwort natürlich nicht verraten.)

Herausgekommen sind 50 interessante, flott erzählte Geschichten, die teilweise auch in einer Kurier-Serie veröffentlicht werden. Lokalgeschichte aus Bürger-Sicht, Lokalgeschichte anders erzählt, nicht nach Jahreszahlen, Kriegen und Herrschern.

Mein Dank gilt Eva-Maria Bast und Heike Thissen nicht nur für ihre gute Idee, sondern auch für ihr Engagement bei der Spurensuche in Bayreuth. Danken möchte ich aber auch den Bayreuthern, die den beiden Kolleginnen geduldig Auskunft gegeben haben und teilweise Wissen vermittelten, das sie von ihren Eltern und Großeltern überliefert bekamen, das aber zuvor noch niemand aufgeschrieben hatte.

Viel Spaß beim Lesen!

Ihr

Joachim Braun
Chefredakteur
Nordbayerischer Kurier

Die Autorinnen

Eva-Maria Bast, Jahrgang 1978, arbeitet seit 1996 für verschiedene Zeitungen und Magazine. 2011 gründete sie mit Heike Thissen das Journalistenbüro „Büro Bast & Thissen", das 2013 erweitert wurde und sich nun „Bast Medien Service" nennt. Eva-Maria Bast initiierte und schreibt seither die Buchreihe „Geheimnisse der Heimat", die 2011 startete, rasch zu einem regionalen Bestseller wurde und die 2014 in 16 Bänden vorliegt. 2012 wurde die Tageszeitung „Südkurier" für die Geheimnis-Reihe mit dem Deutschen Lokaljournalistenpreis der Konrad-Adenauer-Stiftung in der Kategorie „Geschichte" ausgezeichnet. 2012 begann Bast sich auch der Belletristik zu widmen. Mit „Vergissmichnicht" (Gmeiner-Verlag) gab sie ihr Krimi-Debüt, „Tulpentanz" folgte ein Jahr später. Im Frühjahr 2014 erschien ihr erster historischer Roman. Eva-Maria Bast lebt mit ihrer Familie in Überlingen am Bodensee.

Heike Thissen, Jahrgang 1980, ist seit ihrem Abitur 1999 im Journalismus zuhause. Sie hat an der Universität Leipzig und der Universidad de Valencia Diplom-Journalistik und Amerikanistik studiert und im Südkurier-Medienhaus in Konstanz volontiert. Nach mehreren Jahren als Redakteurin beim Südkurier arbeitet sie seit 2010 als freie Journalistin für Zeitungen und Zeitschriften. Im Mittelpunkt ihrer Beiträge stehen dabei immer die Menschen, die eine lesenswerte Geschichte zu erzählen haben. 2011 schloss sie sich mit Eva-Maria Bast zum „Büro Bast & Thissen" zusammen und legt hier ihren Schwerpunkt auf die „Geheimnisse der Heimat" sowie auf Sonderveröffentlichungen, Kunden- und Mitarbeitermagazine. Heike Thissen hat zwei Kinder und lebt mit ihrer Familie in Konstanz am Bodensee.

Obelisk

Zeichen einer besonderen Zeitrechnung

D ie spannendsten Geschichten verstecken sich oft an besonders verborgenen Stellen. So ist es auch mit der Zahl „5880", die in einen dunkelgrauen Obelisken eingeschlagen ist. Obwohl er in unmittelbarer Nähe des Neuen Schlosses steht, kennen nur wenige den bearbeiteten Granitstein im Vorgarten des Bayreuther Logenhauses. Dabei kündet er von der Freimaurerei und einem Bund, der noch heute viele fasziniert.

Rudi Birkle, ehemaliger Vorsitzender der Bayreuther Loge „Eleusis zur Verschwiegenheit", ist einer von denen, die das Geheimnis der Zahl auf dem Pfeiler aus Granit lüften können. „Der Obelisk lag viele Jahre verborgen unter Sträuchern in der Blumenrabatte im Hof", erzählt der einstige „Meister vom Stuhl". Die

> *„Der Obelisk lag viele Jahre verborgen unter Sträuchern in der Blumenrabatte im Hof."*

Zahl „5880" trug der Stein auch da schon. Was es mit ihr auf sich hat, ist für jemanden wie Birkle leicht zu erklären: „Im Freimaurerischen wurde früher eine besondere Zeitrechnung benutzt. Diese beginnt mit der vermeintlichen Erschaffung der Welt 4000 Jahre vor Christus. Man zählt also einfach zur profanen Jahreszahl die Zahl 4000 dazu." Bis zum Beginn des 20. Jahrhunderts sei diese Zeitrechnung in fast allen freimaurerischen Büchern und Dokumenten in Gebrauch gewesen. Im Fall des Bayreuther Obelisken ist demnach die Jahreszahl 1880 zu lesen.

Doch mit dem Finden des Pfeilers und dem Entdecken der Jahreszahl ging für die Bayreuther Freimaurer das Rätsel um den Obelisken erst richtig los. War er im Jahr 1880 aufgestellt worden, um an die Einweihung des Logenhauses zu erinnern? Und dann umgefallen und liegen gelassen worden? Erst ein Zufall brachte die Lösung: Ein Foto tauchte auf, das um 1900 entstanden war und das Logenhaus mit dem Obelisken auf der Spitze des Giebels zeigt. Dort war er also

---

Rudi Birkle begeistert sich noch heute für die Geschichte des Obelisken im Garten des Logenhauses und die geheimnisvolle eingekerbte Ziffer.

ursprünglich aufgestellt gewesen. „Wir haben die Dachkonstruktion untersucht und dabei festgestellt, dass auf der Innenseite des Giebels tatsächlich eine verstärkte Konstruktion eingebaut ist, auf der ein größeres Objekt angebracht werden kann", sagt Rudi Birkle und freut sich rückblickend noch immer darüber, dass das Rätsel zumindest teilweise gelöst werden konnte. Dass sich die Logenbrüder ausgerechnet für einen Obelisken entschieden, war naheliegend: Als ägyptisches Symbol für das Streben zum Licht passt er gut zu den Freimaurern, die sowohl Licht als auch Wahrheit suchen, um sich selbst zu erkennen. Unbeantwortet bleibt die Frage, wie der Obelisk in den Garten kam. Gut möglich, dass ihn die Mitglieder von damals aus Sicherheitsgründen wieder abnahmen. Es kann aber auch sein, dass

Auf dem Dach des Logenhauses stand einst der Obelisk.

er bei einem Unwetter vom Dach stürzte. Sicher ist, dass er danach im Garten aufgestellt wurde und völlig in Vergessenheit geriet.

Dass es den Obelisken und das Logenhaus, auf dem er einst angebracht war, überhaupt gibt, ist dem Markgrafen Friedrich von Brandenburg-Bayreuth (1711–1763) zu verdanken. Als er im Winter 1740/41 seinen Schwager Friedrich den Großen (1712–1786) in Berlin besuchte, nahm dieser ihn in den Freimaurerbund auf. Kaum ins Fränkische zurückgekehrt, gründete Markgraf Friedrich seine eigene Loge am 21. Januar 1741 – wobei er wohl „5741" geschrieben hätte. Die Mitglieder sprachen und schrieben damals ausschließlich Französisch und trafen sich vor allem im Schloss, weswegen ihre Loge auch „Schlossloge" genannt wurde. Nur wenige Monate später, am 4. Dezember desselben Jahres, entstand zusätzlich die „Stadtloge", in der sämtliche mündliche und schriftliche Kommunikation auf Deutsch stattfand. 1753 vereinigten sich die beiden zur Loge „Zur Sonne" und hießen ab 1811 „Eleusis zur Verschwiegenheit". Nach mehreren Jahren in verschiedenen Gasthäusern baute sich die Loge die ehemalige markgräfliche Hühnerbrüterei zum Domizil aus. Sie stand einst dort, wo heute das Logenhaus mit dem Deutschen Freimaurermuseum zu finden ist.

Doch das Haus gehörte nicht durchgehend der Loge. Die Nationalsozialisten bezeichneten die Freimaurer als „politische, überstaatliche Organisation unter dem Einfluss eines übernationalen Judentums" und verfolgten sie unnachgiebig und brutal. Die Bayreuther Loge musste am 18. April 1933 ihre Arbeit einstellen, vier Wochen nachdem die Nationalsozialisten sich durch das Ermächtigungsgesetz die alleinige Gesetzgebungsbefugnis im Deutschen Reich gesichert hatten. Das Haus wurde enteignet und für die Nationalsozialistische Volkswohlfahrt verwendet. Sofort nach Ende des Zweiten Weltkrieges (1939–1945) fanden sich die überlebenden Mitglieder wieder zusammen und gründeten sich am 2. Dezember 1945 neu. So gilt die Bayreuther Loge heute als die drittälteste noch arbeitende in Deutschland.

Heike Thissen

So geht's zum Obelisk:

Der Obelisk mit der mysteriösen Jahreszahl steht in der Blumenrabatte hinter dem Holzzaun des Bayreuther Logenhauses. Die Adresse lautet Im Hofgarten 1.

13

„T" an der Stadtkirche

Ein Buchstabe gibt Rätsel auf

U m das „T" links des Südeingangs der Stadtkirche zu entdecken, braucht man vor allem eins: scharfe Augen. Joachim Schmidt hat diese scharfen Augen und kann den eingekerbten Buchstaben auf Anhieb ausmachen. Er befindet sich etwas unterhalb des zweiten Fensters. Was aber hat es mit diesem Buchstaben auf sich? Ist es ein Steinmetzzeichen, wie sie an vielen Gebäuden zu finden sind? „Dazu", meint Joachim Schmidt, „ist es eindeutig zu groß und zu tief."

Ein Blick in die Wappenkunde gibt einen möglichen Erklärungsansatz: Das Antoniuskreuz, auch Taukreuz genannt, sieht aus wie ein „T" und ist aus Sicht der Heraldik auch gar kein Kreuz, sondern „die Verschmelzung eines Pfahls und eines (...) Balkens". Bekannt ist das Antoniuskreuz auch als „Taukreuz der Franziskaner". Ordensgründer Franz von Assisi (1181/82–1226) sah es als Segenszeichen und als Symbol der Demut. Im Christentum ist das Taukreuz auch als Bußzeichen bekannt. In der Kreuzigungsszene sind die Schächerkreuze rechts und links von Jesus Christus häufig Antoniuskreuze.

Warum eigentlich Antoniuskreuz? Weil der Heilige Antonius der Große (vielleicht um 251–356), seines Zeichens Asket, Mönch und Einsiedler, häufig mit einem solchen Stab als Attribut ausgestattet ist. Der nach ihm benannte Antoniterorden hatte sich der Krankenpflege verschrieben und kümmerte sich besonders um Menschen, die an einer Vergiftung durch Mutterkorn litten. In manchen Deutungen wird das Antoniterkreuz als Krücke gesehen, die die Vergifteten stützt.

Doch was hat all das mit der Stadtkirche Bayreuth zu tun? Möglich, dass ein Gläubiger das Antoniuskreuz in das Gotteshaus einritzte. Joachim Schmidt hat aber noch eine ganz andere Erklärung. Er verweist auf den Flurdenkmalforscher Karl Dill (1924–1996), der sich intensiv mit dem Kreuz befasst hat, um dessen Geheimnis zu lüften. Dill stellte eine Verbindung zu der Lübecker St.-Aegidien-Kirche her,

Das „T" an der Stadtkirche.

in der eine 60 Zentimeter große Steinplatte stehe, die einem Kreuzstein ähnele. „Anstelle des Kreuzes ist in der Mitte der Buchstabe ‚T'
eingemeißelt." Warum? Nikolaus Philippi schreibt im Heft „Stein-
kreuzforschung", dass es sich bei der St.-Aegidien-Kirche Forschun-
gen zufolge einst um eine Handwerker-Kirche gehandelt habe. Und
die wurde im Niederdeutschen damals als „Tilgenkark" bezeichnet.
„Das T könnte also für Tilge stehen", stellt Joachim Schmid fest. Und
Karl Dill schreibt: „Das Lübecker Gotteshaus war deshalb eine sogenannte Tilgenkark." Die Steinplatte habe die Kirche als solche ausge-
wiesen. Und die Bayreuther Kirche? Dill vermutet, dass das „T" zur
Zeit des Wiederaufbaus der Stadtkirche nach der Zerstörung durch
die Hussiten (1430) in den Jahren 1439 bis 1446 entstanden sei. Allerdings legte der Stadtbrand die Kirche bei dem verheerenden Feuer
am 21. März 1605 nochmals in Schutt und Asche, sodass das Kreuz
möglicherweise auch später eingemeißelt wurde. War die Bayreuther
Kirche denn nun eine „Tilgenkark?" Stadtpfarrer Hans-Helmut Bayer
hält es für wahrscheinlicher, dass es sich um ein Antoniuskreuz handelt, denn: Es gibt sehr wohl eine Nähe zu den Antonitern, wenn man
sie historisch auch nicht nachweisen kann. Zum Beispiel gebe es Antonius als Skulptur (etwa 1480) in der Stadtkirche. Gegen eine Tilgenkark spreche auch, „dass das plattdeutsche Wort ‚Tilge' hier kaum
bekannt gewesen sein dürfte."

Und so kann es über das „T" in der Südwand der Stadtkirche zwar
eine Menge Vermutungen geben – allein, ganz preisgeben wird es sein
Geheimnis wohl nie.

Eva-Maria Bast

....

So geht's zum „T":

*Der Buchstabe ist in die Südwand der Stadtkirche eingekerbt – etwas
links des Eingangs, unterhalb des zweiten Fensters. Die Stadtkirche
steht am Kirchplatz 1.*

Stadtpfarrer Hans-Helmut Bayer untersucht die Wetzrillen an der Eingangstüre des Pfarrhauses.

Wetzrillen

Auf dem Nachhauseweg Funken geschlagen

Sie finden sich in Bayreuth – und auch in vielen anderen Städten, in denen der Sandstein vorherrscht – an zahlreichen öffentlichen Gebäuden. Und es gibt auch ebenso zahlreiche Erklärungsansätze für diese senkrechten, oftmals recht tiefen Rillen. Einer lautet, Soldaten hätten hier ihre Schwerter wahlweise geschärft oder, wenn sich die Abschürfungen an Gotteshäusern befinden, gesegnet. Ein anderer besagt, dass man im Mittelalter Steinpulver als Arznei verwendete und die Menschen es hier herausschabten. Hans-Helmut Bayer, Stadtpfarrer von Bayreuth, hat eine ganz andere Erklärung. „Meiner Ansicht nach entstanden die Rillen beim Funkenschlagen", sagt er. Dafür spräche auch, dass sie sich allesamt in einer Höhe befinden, in der sich diese Handbewegung gut ausführen lässt, und zumeist am Eingang eines öffentlichen Gebäudes, beispielsweise am Pfarrhaus oder am Historischen Museum auszumachen sind. „Man kann sich das gut vorstellen: Wenn die Leute abends aus einem öffentlichen Gebäude nach Hause gehen wollten, haben sie mit einem Feuerring, das ist ein Metallring, der über die Finger gesteckt wurde, Funken in die Zunderdose geschlagen und damit ihre Laterne entzündet." Diese Theorie wird umso wahrscheinlicher, da die Wetzrillen in der Mitte meist tiefer und stärker ausgeprägt sind als an den Rändern. Probiert man die Bewegung, die gewissermaßen die des Holzhackens im Kleinen ist, einmal aus, stellt

Zu den Wetzrillen gibt es viele Theorien.

man fest, dass man mit der Hand eine halbkreisförmige Bewegung macht – also in der Mitte am meisten Schwung hat und am tiefsten in den Stein dringen würde. „An manchen Stellen kann man an den unteren Enden der Rillen sogar noch eine leicht schwarze Verfärbung erkennen. Ich halte das für Ruß", überlegt der Stadtpfarrer. Dafür spricht auch, dass das Anzünden von Lampen damals wie heute eine alltägliche und damit quasi nicht berichtenswerte Tätigkeit war.

„Hätte das eine tiefere Bedeutung gehabt, gäbe es darüber Aufzeichnungen", ist er sich sicher. „So war das irgendwann überholt und wurde vergessen." Und keiner, der damals seinen Schlagring an den Sandstein haute, dürfte geahnt haben, dass er seiner Nachwelt damit ein Rätsel hinterließ.

Denn ein Rätsel ist es immer noch. Auch die Überlegungen von Hans-Helmut Bayer sind lediglich eine – wenn auch sehr einleuchtende – Theorie. Ob sich der Sandstein tatsächlich eignete, um ein Feuer daran zu entzünden – auch darüber gibt es gänzlich unterschiedliche Meinungen. Bayer verweist aber auf den Aufsatz „Die rätselhaften Rillen" von Georg Steffel, der sich akribisch mit den Wetzrillen auseinandergesetzt hat, Theorien aufgriff und hinterfragte und schließlich schrieb: „Es muss einen konkreten Grund geben, weshalb die Rillen in der Nähe von Türen und Toren entstanden sind." Und noch dazu eben an Gebäuden, in denen viele Menschen zusammentrafen. „In allen Fällen wird das Bedürfnis bestanden haben, beim Verlassen der Gebäude nach Eintritt der Dunkelheit Licht zu machen, eine Laterne zu entzünden oder etwa eine Tabakspfeife in Brand zu setzen." Übrigens: Steffel hat selbst ausprobiert, ob sich an Sandstein Feuer schlagen lässt, und dabei keine Mühe gescheut. Er schreibt: „Es bleibt festzustellen, dass es möglich ist, ohne besonderen Aufwand und mit Regelmäßigkeit Feuer aus Sandstein zu entfachen. Quod erat demonstrandum." Zu Deutsch: Was zu beweisen war.

Eva-Maria Bast

„Es muss einen konkreten Grund geben, weshalb die Rillen in der Nähe von Türen und Toren entstanden sind."

So geht's zu den Wetzrillen:

Die Wetzrillen befinden sich an mehreren Stellen in der Stadt, zum Beispiel am Eingang des Historischen Museums am Kirchplatz 6 und am Eingang des Pfarramts in der Kanzleistraße 9.

04

Schlossturm-Kreuz

Wie Bayreuths Wahrzeichen katholisch wurde

E s gibt kaum eine Stadtansicht von Bayreuth, die ohne den Schlossturm auskommt. Das markante Gebäude in der Innenstadt mit seinen mehr als 40 Metern Höhe ist von vielen Punkten aus zu sehen, und das schon seit vielen Jahrhunderten. Vergleichsweise neu ist, dass auf der Dachspitze des achteckigen Sandsteinturmes ein goldenes Kreuz steht. Dass das Wahrzeichen der stark protestantisch geprägten Stadt heute als Kirchturm der katholischen Gemeinde der Schlosskirche gekennzeichnet ist, geht auf einen Streich des damaligen Stadtpfarrers Georg Schley im Jahr 1964 zurück.

Schlossturm-Kenner Ludwig Liebst weiß, wie es dazu kam: „Der Turm war schon immer ein Glockenturm, aber eigentlich kein Kirchturm. Das ist er erst seit 1960." Von da an habe sich Stadtpfarrer Schley sehnlichst ein Kreuz für den Turm gewünscht. Das hat auch Willibald Geier mitbekommen, der in jenen Jahren Kaplan der Schlosskirche war. Er erinnert

> *„Der Turm war schon immer ein Glockenturm, aber eigentlich kein Kirchturm. Das ist er erst seit 1960."*

sich noch gut an den Plan, den der Stadtpfarrer daraufhin mit dem damals amtierenden Bürgermeister Hans Walter Wild (1909–2001) aussheckte: „Die beiden hatten sich abgesprochen, dass der Schlossturm ein Kreuz erhalten sollte. Aber sie haben dabei den Stadtrat übergangen und ihn schlichtweg nicht zu der Sache befragt", erzählt er. Das sei typisch gewesen für Oberbürgermeister Wild, der immer durchgesetzt habe, was er sich vorgenommen hatte. „Die Stadträte waren schockiert. Die Bayreuther selbst haben über die Aktion aber eher geschmunzelt", sagt Willibald Geier.

Es lässt sich nachträglich nicht mehr feststellen, ob Hans Walter Wild tatsächlich Bescheid wusste oder ob er von Schley, den er sehr schätzte, ebenfalls übergangen worden war. In der ersten Stadtratssit-

Ludwig Liebst steht an der Tür, durch die einst auch das imposante Kreuz der Schlosskirche transportiert wurde.

zung nach dem Anbringen des Kreuzes jedenfalls entrüstete er sich: „Wir sind da überrollt worden!" Den Rest der Sitzung verbrachte er jedoch damit, die aufgeregten Stadträte zu beruhigen und um Verständnis für die Aktion zu werben.

„Ich bin mir sicher, dass sich Pfarrer Schley das nicht getraut hätte, wenn er sich nicht mit dem Oberbürgermeister so gut verstanden hätte und sich nicht sicher gewesen wäre, dass er sich dafür einsetzt", sagt Ludwig Liebst.

Tatsächlich lässt sich nicht leugnen, dass es die katholische Gemeinde der Schlosskirche sehr eilig hatte mit dem Kreuz auf dem Turm. Am 25. Mai 1964 hatte sie einen „Bauantrag auf Anbringung des Kreuzes" beim zuständigen Amt abgegeben. Die Bauausschusssitzung am Tag darauf, die die Pläne hätte genehmigen können, fiel aus. Und schon war das Kreuz im Zuge von Renovierungsarbeiten am Turm montiert. „Da kann man durchaus von einer Nacht- und Nebelaktion sprechen", sagt Ludwig Liebst amüsiert. Schon während der Montage erhob der Stadtrat Einwände. „Er hatte aber nicht den richtigen Ansprechpartner, weil sich Stadtpfarrer Schley gerade in dieser Zeit zum Urlaub im Ausland aufhielt", schreibt Georg Steffel in seiner Chronik der Schlosskirche. War der Urlaub ein Zufall? Wohl eher nicht!

Das Wahrzeichen der protestantisch geprägten Stadt Bayreuth ist heute ein mit einem Kreuz gekrönter Turm der katholischen Kirche.

Ein Redakteur schrieb am 13. Juni 1964 im „Notizbuch der Woche" in der Fränkischen Presse, einer der Vorgänger-Zeitungen des

Nordbayerischen Kuriers, zu den Hintergründen: „Den Stadträten ging es aber gar nicht um das neue Kreuz auf dem alten achteckigen Turm des markgräflichen Schlosses, sondern darum, daß die katholische Kirchengemeinde sie vor vollendete Tatsachen stellte, indem sie das Kreuz auf den Turmhelm setzte, kaum daß der Antrag gestellt war und noch bevor der Ausschuß zusammentreten konnte." Vor allem Stadtrat Hereth wollte die Sache mit dem Kreuz anscheinend nicht einfach so unter den Teppich kehren, wie es Bürgermeister Wild in der Sitzung vom 9. Juni 1964 versuchte. „Hier handelt es sich aber um den markantesten Punkt unserer Stadt. Es wäre da schon richtig gewesen, wenn man uns gleichzeitig mit dem Amt für Denkmalspflege den Antrag zugestellt hätte. (…) Das wäre das mindeste gewesen, das wir verlangen können", wird er im Zeitungsbericht zitiert. Doch es half nichts: Der Bauausschuss des Stadtrats sah sich gezwungen, das Kreuz nachträglich zu genehmigen. „Die Angelegenheit ist dann im Sand verlaufen", erzählt Ludwig Liebst. Und so thront das Kreuz auch heute noch auf der Spitze des Schlossturmes. Inzwischen ist es unter anderem auch ein Zeichen dafür, wie gut die Ökumene in der Stadt funktioniert.

Heike Thissen

....

So geht's zum Schlossturm-Kreuz:

Der Turm, der seit 1964 ein goldenes Kreuz trägt, steht neben der Schlosskirche auf dem Schlossberglein 3. Er ist von vielen Stellen der Innenstadt aus gut zu sehen.

Was steckt die Schöne sich da in den Mund?

05 Schnuller

Steinerne Schönheit, ungewöhnliches Attribut

Die Leiterin des Historischen Museums, Dr. Sylvia Habermann, hat sich extra noch einen richtig starken Feldstecher ausgeliehen, um nachzusehen, was die Tugendfigur, die auf dem Mauerwerk der Pianofabrik Steingräber thront, sich da eigentlich in den Mund steckt. Die Vermutung, die man hat, wenn man die Dame aus Stein ohne Fernglas betrachtet, bestätigt sich: Es scheint tatsächlich ein Schnuller zu sein.

Ein Schnuller? Im Zusammenhang mit einer allegorischen Figur? Das mutet merkwürdig an, zumal die steinerne Schönheit in der Bayreuther Literatur stellenweise als „Mäßigkeit" bezeichnet wird. Und der Mäßigkeit, lateinisch Temperantia, ist als Attribut kein Schnuller zugewiesen. Sylvia Habermann ist sich aber gar nicht so sicher, dass es sich wirklich um eine Temperantia-Allegorie handelt. „Von den vier Figuren in der Friedrichstraße ist nur die Prudentia mit dem Spiegel eindeutig identifizierbar, die andern drei haben kein Attribut oder sind so stark beschädigt, dass kein Attribut mehr zu erkennen ist." Vielleicht, überlegt die Museumsleiterin, ist die Frau mit dem vermeintlichen Schnuller eine Caritas, also eine Personifizierung der Nächstenliebe? Zumal sich ein Kind an ihr Gewand klammert? Doch selbst dann bleiben Rätsel: Die Tugendfigur ist im Begriff, sich etwas in den Mund zu stecken, das wie ein „moderner Schnuller" aussieht. „Barocke Schnuller waren aber bloß zusammengedrehte Stoffbeutelchen", sagt die Museumsleiterin. Und das Vorbild des Attributs muss ein barocker Schnuller gewesen sein, wurde das Gebäude doch 1753/54 errichtet, die Sandsteinfiguren stammen aus der Bauzeit.

„Barocke Schnuller waren aber bloß zusammengedrehte Stoffbeutelchen."

Eine andere Möglichkeit wäre, dass es sich eben doch um die Temperantia handelt. „In der Literatur gibt es Darstellungen, bei denen die Temperantia ein Zaumzeug in der Hand hält oder sogar im Mund hat", erklärt Sylvia Habermann. „Sie zügelt ihre Leidenschaft und sich selbst." Der Ring der Bayreuther Schönheit, den sie mit ihrer Hand in Richtung ihres Mundes hält, könnte zu einer längst verschwundenen Trense gehört haben. „Genauer gesagt, zum letzten Rest eines Gebissstücks, das sie sich einst vor den Mund gehalten hat, als ob sie sich gerade selber zäumen wollte." Für wahrscheinlicher hält Habermann seit der Betrachtung mit dem Feldstecher aber die Schnuller-Variante.

Welche Vermutung stimmt, bleibt wohl das Geheimnis der schönen steinernen Dame auf dem Gemäuer der Pianofabrik. Egal, ob sie nun Caritas oder Temperantia oder doch ganz anders heißt.

Eva-Maria Bast

....

So geht's zum Schnuller:

Die schöne Dame mit dem Schnuller befindet sich auf der Mauer des Gebäudes Friedrichstraße 2.

06

Inschrift am Ruinentheater

Von Freud und Leid der Freundschaft

W as ist die größte aller Tugenden? „Die Freundschaft!", hätte Markgräfin Wilhelmine von Bayreuth (1709–1758) Mitte des 18. Jahrhunderts wohl im Brustton der Überzeugung geantwortet. Ute Domeyer, die in der Stadt als so etwas wie eine Wilhelmine-Expertin gilt, sagt sogar: „Nichts war ihr wichtiger." So verwundert es wenig, dass die Markgräfin einer ihrer engsten Vertrauten ein immerwährendes Denkmal setzte. Es besteht aus fünf in Stein gehauenen Zeilen auf Französisch, die übersetzt „Albertine von Marwitz. Tiefer in mein Herz eingegraben als in diesen Stein. W." lauten. Doch der Anspruch auf Ewigkeit, der hier mitschwingt, galt nur für die inzwischen wenig beachtete Steintafel, nicht für die Freundschaft. Davon ahnte Wilhelmine allerdings nichts, als sie die Inschrift 1743 am neu erbauten Ruinentheater auf dem Gelände der Eremitage anbringen ließ.

Mit dieser Steintafel setzte Markgräfin Wilhelmine ihrer Freundschaft zu Albertine von der Marwitz ein immerwährendes Zeichen.

Markgräfin Wilhelmine kommt als Prinzessin Friederike Sophie Wilhelmine am 3. Juli 1709 zur Welt. Ihre Eltern sind der Soldatenkönig Friedrich Wilhelm I. von Preußen (1688–1740) und Sophie Dorothea von Hannover (1687–1757). Unter den vielen Geschwistern, die nach ihr geboren werden, ist auch ihr Lieblingsbruder Friedrich (1712–1786), der später als „Friedrich der Große" in die Geschichte eingehen wird. „Sie wuchs am Preußischen Hof in Berlin auf. Dort lebte auch der General von der Marwitz mit seinen Töchtern", sagt Ute Domeyer.

Ute Domeyer kennt die Hintergründe dieser Inschrift.

Als Wilhelmine 1731 Friedrich (1711–1763), den späteren Markgrafen von Brandenburg-Bayreuth, heiratet, nimmt sie die älteste Marwitz-Tochter mit. Die 14-jährige Wilhelmine Dorothee (1718–1787) wird ihre erste Hofdame in Bayreuth. Später holt sie deren jüngere Schwestern Albertine und Caroline nach. In ihren Memoiren äußert sich Wilhelmine äußerst begeistert über ihre Wahl: „Was die Marwitz betrifft, so war ich ihr leidenschaftlich zugetan, wir hatten nichts voreinander geheim. Ich habe nie derartige Beziehungen zwischen zwei Charakteren gesehen, sie konnte nicht ohne mich leben noch ich ohne sie, sie tat keinen Schritt, ohne mich vorher zu fragen." So – da ist sich die Markgräfin sicher – sieht wahre Freundschaft aus.

Wilhelmine, die Bayreuth zunächst als ärmlich und ihrer nicht würdig empfindet, macht sich daran, der Stadt zu mehr Glanz zu verhelfen. Das Markgräfliche Opernhaus, das Schloss Sanspareil, das Neue Schloss in der Eremitage, das Neue Schloss in der Stadt und das Schloss Fantaisie – allesamt Bauten, die Bayreuth zu weltweitem Ruhm verholfen haben – gehen auf Wilhelmine und ihren Gatten zurück. Und nicht nur sie: Auch kleinere Denkmale wie das Ruinentheater auf dem Eremitage-Gelände, an dem Wilhelmine ihre Freundschaft zu Albertine von der Marwitz verewigte, entstehen in jenen Jahren.

Doch trotz allem Prunk, den das Markgrafenpaar zusammen in sein Fürstentum holt, beginnt es in der Ehe Ende der 1730er-Jahre zu kriseln. Das Verhältnis zwischen der kränklichen Wilhelmine und ihrem vitalen Gatten kühlt ab und Friedrich beginnt, sich für die Hofdamen seiner Frau zu interessieren. Besonders die älteste der Marwitz-Töchter, Wilhelmine Dorothee, hat es ihm angetan. Er nimmt sie zur Mätresse und stürzt seine Gattin damit in eine schwere Sinnkrise. „Der doppelte Betrug, den sie damit erdulden musste, machte sie überempfindlich und misstrauisch gegenüber jedem Freund, auch gegenüber dem Bruder", erklärt Autor Gustav Schmidt in einer Abhandlung über die Bayreuther Markgrafen.

Verbittert und erbost klingen die entsprechenden Passagen in Wilhelmines Memoiren: Markgraf Friedrich mache „der Marwitz" tausend Avancen, er frage jeden Augenblick nach ihr, wenn sie nicht

„Schreckliche Eifersucht überwältigte mein Herz."

in seinem Zimmer sei, und rufe sie jeden Morgen nach dem Aufwachen. „Schreckliche Eifersucht überwältigte mein Herz", gesteht die Markgräfin.

Und nicht nur von der Mätresse des Gatten fühlt sie sich hintergangen, sondern auch von deren jüngerer Schwester Albertine, für die sie ja noch wenige Jahre zuvor die rührende Botschaft am Ruinentheater hat anbringen lassen. „Sie wurden Eine wie die Andere unerträglich anmaßend, wollten bedient werden und verlangten Ehrerbietungen, die nur mir zukamen. Die Ältere hatte ihre Schwester mit ihrem Hochmut angesteckt." Sie könne dieses dämliche Verhalten nicht länger ertragen, macht sie ihrem Ärger Luft. Die Freundschaft, wie sie sie geschätzt hat, ist zerbrochen. „Der Markgraf soll mit seiner Geliebten auch ein Kind gezeugt haben, das aber entweder sofort nach der Geburt starb oder getötet wurde", erklärt Ute Domeyer. Irgendwo auf dem Gelände der Eremitage sei der tote Säugling begraben, niemand wisse, wo.

In ihrer Not verheiratet Wilhelmine 1744 Dorothee an einen österreichischen Grafen. So ist sie zwar die Konkurrentin los, gleichzeitig aber auch die wichtigste Vertraute, die sie je hatte. Dass die Freundschaft die wichtigste Tugend sei, hätte Wilhelmine als junge Frau mit Fug und Recht behauptet. Aber es ist fraglich, ob sie dieser Meinung auch dann noch war, als sie am 14. Oktober 1758 im Alter von nur 49 Jahren starb.

Heike Thissen

....

So geht's zur Inschrift am Ruinentheater:

Markgräfin Wilhelmine ließ die Steintafel, die an die Freundschaft zu Albertine von der Marwitz erinnert, am Ruinentheater auf dem Gelände der Eremitage anbringen. Vom Zuschauerraum aus betrachtet, befindet sie sich auf der rechten Seite des Torbogens.

07

Adler-Schild

Weit entfernt vom ursprünglichen Platz

Sie passen überhaupt nicht zusammen, der moderne Brunnen aus drei Betonbecken und das steinerne Wappen, das darüber an der Stadtmauer hängt. Am Hohenzollernring gegenüber dem Rotmain-Center gehen die beiden eine Verbindung ein, die einfach keinen Sinn ergibt. Und das kommt nicht von ungefähr. Denn der fast zwei Meter hohe Schild, der den Brandenburger Adler, einen Löwenkopf, Fruchtgebinde und einen Tierschädel zeigt, ist hier völlig fehl am Platz. „Eigentlich gehört er in die Kanzleistraße über das mittlere Tor des Kanzleigebäudes", löst Norbert Hübsch, Geschäftsführer des Historischen Vereins für Oberfranken, das Geheimnis.

Für ihn ging dieses Rätsel ursprünglich gar nicht von dem Wappen aus, sondern vielmehr von der Leere über dem mittleren Portal am Kanzleigebäude, dem heutigen Sitz der Regierung von Oberfranken. Während dort am linken Tor eine Kartusche mit dem Initial „F" für Friedrich und am rechten Tor eine Kartusche mit dem Initial „A" für Alexander (siehe Geheimnis 13) hängt, ist der Platz über dem zentralen Tor unbesetzt. „Mich hat immer überrascht, dass ausgerechnet über dem ältesten Portal kein vergleichbares Wappen oder Schild zu sehen ist", erinnert sich Hübsch. Eines Tages sei er auf das Relief am Hohenzollernring aufmerksam geworden. „Da war mir auf einmal alles klar: Die Größe passt und das Zierwerk der Umrahmung ist identisch mit den beiden anderen." Endlich hatte er den fehlenden Wappenschild gefunden.

„Da war mir auf einmal alles klar ..."

Über das Relief selbst ist wenig bekannt. Es soll wohl im späten 17. Jahrhundert in der Werkstatt von Elias Räntz (1649–1732) entstanden sein, der zu jener Zeit als Bildhauer am markgräflichen Hof arbeitete und auch für die Medaillons am Alten Schloss verantwortlich war. Wie es an seinem heutigen Platz landete, ist eine lange Geschichte: Als

Norbert Hübsch weiß, wo dieses Adlerwappen ursprünglich angebracht war.

Markgraf Christian von Brandenburg (1581–1655) seine Residenz und die Zentralbehörden seines Fürstentums von der Kulmbacher Plassenburg nach Bayreuth verlegte, erwarb er das Burggut der Streitberger in der heutigen Kanzleistraße. Hier ließ er nach dem Stadtbrand von 1621 unter Verwendung der alten Außenmauern einen Neubau errichten, der in den folgenden Jahrzehnten immer wieder erweitert wurde. „In diesem Kanzleigebäude waren über Jahrhunderte hinweg die Ministerien des Fürstentums untergebracht", erklärt Norbert Hübsch. Da war es naheliegend, mit dem roten Adler ein Hoheitszeichen des Fürstentums über dem Haupteingang anzubringen und damit das oberste Verwaltungsgebäude zu kennzeichnen. Als das Fürstentum 1793 an die königliche Verwandtschaft in Preußen fiel, durfte der Adler noch bleiben. Schließlich war deren Wappentier ebenfalls ein Adler, wenn auch ein schwarzer. „Doch als 1806 unter Kaiser Napoleon die Franzosen nach Bayreuth kamen und wir plötzlich französisch waren,

Über dem Tor ist in der Mitte zwischen den Fenstern Platz für das Relief.

musste der Hohenzollern-Adler weg", vermutet Hübsch. Ob sie es waren, die den steinernen Schild abnahmen, oder erst die Bayern, die das Fürstentum vier Jahre später kauften, ist nicht geklärt. „Am 30.

Juni 1810 nahm Bayern Bayreuth förmlich in Besitz, indem an zehn Stellen der Hauptstadt das bayrische Wappen angeschlagen wurde", schreibt der Historiker Günter Dippold in einem Beitrag über das Kanzleigebäude. Spätestens zu diesem Zeitpunkt musste der Steinadler endgültig dem Symbol der neuen Herrschaft weichen, die in der Kanzlei nun ihre Königliche Kreisregierung unterbrachte. „Die beiden anderen Reliefs an der Fassade durften bleiben, weil sie ja nur Initialen zeigen", ist sich Norbert Hübsch sicher.

Mit dem ursprünglich brandenburgischen Adler ging es von da an bergab: Erst wurde er am Mühltürlein unweit seines heutigen Platzes angebracht (siehe Geheimnis 23). Nach dessen Abriss verschwand er für einige Jahre völlig in der Versenkung. „Irgendwann im 20. Jahrhundert hat ein Bayreuther Architekt das Relief aufgespürt und für die Neugestaltung der Stadtmauerpartie zur Verfügung gestellt", rekonstruiert Hübsch das weitere Schicksal des Wappens. Warum der Adler noch heute über dem Brunnen hängt, wo doch sein originärer Platz über dem Mitteltor des Kanzleigebäudes frei ist, wird wohl bis auf Weiteres ein Rätsel bleiben.

Heike Thissen

So geht's zum Adler-Schild:

Das Wappen, das eigentlich über das Mittelportal des Kanzleigebäudes gehört, ist am „Brunnen am ehemaligen Mühltürlein" gegenüber dem Rotmain-Center angebracht.

08

Geteilte Fenster

Verborgener Treffpunkt für Katholiken

Das Gebäude liegt verborgen in einem Hinterhof und ist nur schwer zugänglich. Das war schon immer so – und zwar mit Absicht. Denn der Sandsteinbau auf dem Platz hinter der Friedrichstraße 17 wurde als katholischer Gebetsraum gebaut, in einer Zeit, in der in Bayreuth noch ein tiefer religiöser Graben die Konfessionen trennte. Nur wenige wissen, dass es hinter dem großen Holztor am Jean-Paul-Platz ein Gebäude mit einer wechselhaften Geschichte und mit sehr eigenartigen Fenstern zu entdecken gibt.

Die Bayreuther Katholiken – es dürften nicht viel mehr als 20 gewesen sein – erhielten im Jahr 1722 von Markgraf Georg Wilhelm (1678–1726) die Erlaubnis, unter Ausschluss der Öffentlichkeit und außerhalb der Stadtmauern ihre Sakramente zu feiern. „Das waren vor allem italienische und französische Künstler, die am Hof der Markgrafen angestellt waren und die ihren katholischen Glauben auch im protestantischen Ausland leben wollten", erklärt Elfriede Tittlbach, Katholikin und Stadtführerin in Bayreuth. Die Gläubigen zelebrierten in verschiedenen privaten Räumen ihren Gottesdienst, bis sie sich endgültig zum Erwerb eines eigenen Gebäudes entschlossen. Eigentlich hätten sie hierfür 1743 gern das Akademiegebäude am Paradeplatz gekauft, aus dem gerade die Universität ausgezogen war (siehe Geheimnis 15). Doch der Bischof von Bamberg hielt nichts von diesem Plan: Es sei zu teuer und überhaupt unrentabel – womit er nicht ganz unrecht hatte. Zwei Jahre später wies ihnen Markgraf Friedrich (1711–1763) einen Bauplatz an der neuen Friedrichstraße zu und erlaubte die Kollekte zugunsten des Unterfangens. Der französische Architekt Joseph Saint-Pierre (1709–1754), der in Diensten der Markgrafen stand, legte im Januar 1745 einen Entwurf

> *„Zur Straße hin durfte das Gebäude nicht als Kirche zu erkennen sein."*

Die eigenartigen Fenster beruhen auf Protesten der evangelischen Mitbürger während des Baus.

vor. Wenige Wochen später begannen die Bauarbeiten. „Zur Straße hin durfte das Gebäude nicht als Kirche zu erkennen sein und musste deswegen auch für ein Gotteshaus untypisch kleine Fenster haben", erklärt Elfriede Tittlbach. Klaus Merten schreibt in einem Beitrag zu Joseph Saint-Pierre, dass sich der Architekt nicht unbedingt daran hielt: „(…) sobald der Bau des Oratoriums etwas in die Höhe gewachsen war, nahm die bayreuthische Regierung stärksten Anstoß daran, daß das Oratorium wie eine Kirche, statt, wie angeordnet, nur wie ein Haus aussah." Die Protestanten in der Stadt legten offensichtlich großen Wert auf klare Machtverhältnisse. Saint-Pierre war zum Handeln gezwungen, und so kommt es, dass noch heute am ehemaligen Oratorium eigenartige Fenster zu sehen sind: Er ließ die ursprünglichen großen Fenster durch einen Sandsteinriegel in ein oberes und ein unteres teilen.

Das ehemalige Oratorium der Katholiken lag auch damals schon versteckt hinter anderen Gebäuden.

Doch nicht nur die Unterstützung ihrer Mitbürger fehlte der 500-Seelen-Gemeinde, sondern auch das Geld, sodass der Bau für mehrere Monate eingestellt werden musste. Erst am 7. Januar 1749 konnte das rund 200 Quadratmeter große Kirchenhaus zu Ehren der Heiligen Dreifaltigkeit und den Heiligen Maria, Georg, Johann von Nepomuk und Antonius geweiht werden. Doch von einem Happy End für die Katholiken kann keine Rede sein. „Vielmehr suchten die Gegner unentwegt nach Gründen, um einen Widerruf der Konzession vom 23. Dezember 1745 zu erreichen", beschreibt Historiker Georg Steffel in einem Beitrag über das Oratorium den Widerstand der Protestanten. Sie stellten sogar einen Inspektor namens Heinrich Höring ab, der das katholische Religionsexercitium überwachen sollte. Er nahm seine Aufgabe ernst und schlich sich regelmäßig ins Oratorium, um dort nach dem Rechten zu sehen. Im Anschluss erstattete er dem Markgrafen und der Regierung Bericht. Da konnte es schon zu einem kleinen Tumult kommen, wenn herauskam, dass im Kirchenraum Orgel gespielt wurde oder kleine Kinder mit Rosenkränzen ins Gebäude gelaufen waren. „Man entrüstete sich, daß so etwas sogar in der markgräflichen Residenzstadt geschehen könne", fasst Steffel zusammen. Denn das Spielen einer Orgel war den Katholiken ausdrücklich untersagt. Und damit nicht genug: Die wenigen katholischen Kinder mussten lutherische Schulen besuchen, wo der lutherische Katechismus gelehrt und abgefragt wurde. Außerdem waren die Kinder katholisch-protestantischer Eltern im evangelischen Glauben zu erziehen. Trauungen fanden ebenfalls nach evangelischem Ritus statt. „Es wurden jedoch vom katholischen Geistlichen in aller Stille auch Nachtrauungen vorgenommen", beschreibt Steffel eine Möglichkeit, die Regeln aufzuweichen.

Trotz aller Schwierigkeiten war das Oratorium viele Jahre in Benutzung, erzählt Elfriede Tittlbach: „Bis 1813 haben die Bayreuther Katholiken hier ihre Gottesdienste gefeiert." Als die Markgrafschaft Bayreuth an Bayern verkauft wurde, veräußerten sie das Gebäude und erhielten mit der Schlosskirche ihr eigenes Gotteshaus in prominenter Lage (siehe Geheimnis 4). Auf einen eigenen Kirchturm allerdings mussten sie noch rund 150 Jahre warten.

Heike Thissen

So geht's zu den geteilten Fenstern:

Das ehemalige katholische Oratorium mit den geteilten Fenstern befindet sich im Hinterhof des Gebäudes Friedrichstraße 17.

09

Matrosengasse
Seeschlachten im großen Stil

Eine Inselstraße? Eine Seestraße und eine Weiherstraße? Und eine Matrosengasse? Im Bayreuther Stadtteil St. Georgen gibt es Straßennamen, die auf den ersten Blick völlig aus dem Zusammenhang gerissen scheinen. Denn einen See – geschweige denn *die* See – und eine Insel sucht man hier vergebens. Und auch die Matrosen glänzen durch Abwesenheit – heute jedenfalls. Es ist nämlich erst 300 Jahre her, dass in St. Georgen echte holländische Seeleute lebten und arbeiteten. Und zwar auf echten Schiffen in einem riesigen See mit einer idyllischen Insel!

Hübsch ist es in der Matrosengasse.

Dahinter steckt etwas, das man durchaus als Schnapsidee bezeichnen darf. Welchen anderen Begriff könnte man sonst dafür verwenden, dass der Gründer von St. Georgen, Markgraf Georg Wilhelm (1678– 1726), auf dem künstlich angelegten Brandenburger Weiher regelrechte Seeschlachten inszenieren ließ? „Wo heute das Industriegebiet von St. Georgen liegt, spielte der Fürst vor rund 300 Jahren regelmäßig ‚Schiffe versenken', und zwar im wörtlichen Sinn", erklärt Ernst-Rüdiger Kettel, der sich gut mit der Geschichte von St. Georgen im Allgemeinen und mit der des Brandenburger Weihers im Besonderen auskennt.

Den Weiher von rund 86 Hektar hatten bereits die Vorfahren Georg Wilhelms angelegt, um dort Fische zu züchten. Mit Erfolg: Rund 300 Zentner, also 15.000 Kilogramm, konnten sie alle zwei

Ernst-Rüdiger Kettel muss immer noch über die Geschichte schmunzeln, die hinter der Matrosengasse steckt.

Jahre aus dem Wasser holen. Georg Wilhelm interessierte sich allerdings nicht für Fische, sondern für Schiffe. Seine Begeisterung für alles Maritime war auf Reisen durch England und Holland entstanden. Er ließ erst ein Schloss errichten und dann den Brandenburger Weiher zu einem See ausheben, der diesem Namen auch gerecht wurde. „Außerdem befahl er den Bau einer Insel im See als Hafen und heuerte Matrosen in Holland an", sagt Ernst-Rüdiger Kettel sichtlich amüsiert. Und dann galt: „Alles klar zum Entern!" Zwischen 1695 und 1722 gab Georg Wilhelm sechs Kriegsschiffe in Auftrag und ließ drei von ihnen mit Kanonen bestücken. Das größte und letzte hatte Ausmaße von mehr als 30 Metern Länge und sechs Metern Breite und besaß einen Mast von sechs Metern Höhe. Es nahm als „Ritter St. Georgen" den Kampf manchmal an der Seite von und manchmal gegen „Neptun", „Löwe", „Bacchus", „Seehund" und eine türkischen Brigantine auf.

Auch eine Inselstraße ...

Besonders gern wurde „Türken gegen Christen" gespielt, wofür der Fürst weder Kosten noch Mühen scheute. Christoph Rabenstein und Ronald Werner zitieren in ihrem Buch „St. Georgen – Bilder und Geschichten" aus den Inventarlisten des Schlosses: Neben türkischen Fahnen und Wimpeln hätten sich dort auch 17 Janitscharen-Kleider und -Kappen sowie 17 Sklavenketten und -schuhe befunden. „Janitscharen, das waren zum Islam übergetretene Kriegsgefangene, die im 14. Jahrhundert von den Sultanen zu türkischen Soldaten ausgebildet wurden", erklärt das Autorenduo. Es ist wahrscheinlich, dass die Türken den Christen in den inszenierten Seeschlachten stets unterlagen, vor allem, wenn Georg Wilhelm höchstpersönlich in wechselnden Rollen teilnahm. Der Fürst schien seine helle Freude zu haben. Das hätte vielleicht auch für die Matro-

sen gegolten, hätten sie nicht bei jeder Aufführung Kopf und Kragen riskiert. Drei von ihnen sollen beim markgräflichen Freizeitspaß sogar ums Leben gekommen sein.

Für die Seeleute wurden am südwestlichen Ufer des Sees sechs einstöckige Häuser errichtet und ein zweistöckiges Kapitänshaus in einer Straße, die heute noch Matrosengasse heißt. Und auch die anderen eigenartigen Straßennamen ergeben plötzlich für den einen Sinn, der die Geschichte von Markgraf Georg Wilhelm und sei-

... und eine Seestraße gibt es in St. Georgen.

nen Seeschlachten kennt. Obwohl der Brandenburger Weiher 1775 abgelassen wurde, künden die Bezeichnungen noch heute von den fürstlichen Vergnügungen, die einst auf dem Gelände stattfanden, das heute als Industriegebiet dient.

Heike Thissen

So geht's zur Matrosengasse:

Die Matrosengasse mit den ehemaligen Häusern für die Seeschlacht-Teilnehmer zweigt von der Bernecker Straße ab und mündet in die Straße „Grüner Baum". Seestraße und Inselstraße sind ebenfalls Querstraßen der Bernecker Straße, die Weiherstraße verläuft in Verlängerung der Egerländer Straße.

Stephan Müller beim Reiterbrunnen. Immer, wenn er hier steht, muss er an seinen Großvater denken. Er war einer von jenen, denen der Brunnen gewidmet wurde.

10

Reiterbrunnen

Tapfere Krieger auf klappernden Hufen

Sie waren stolz, sie waren mutig, vielleicht sogar ein bisschen romantisch und manchmal gaben sie auch ein wenig an. Sie prägten das Bayreuther Stadtbild und viele von ihnen mussten ihr Leben auf den Schlachtfeldern des Ersten Weltkriegs (1914–1918) lassen, als die reitenden Soldaten den damals vorhandenen Waffen ohne den nötigen Schutz ausgeliefert waren. Die Rede ist vom 6. Chevaulegers-Regiment, was zu Deutsch so viel bedeutet wie „leichte Reiter".

An sie erinnert ein interessanter Brunnen mitten auf dem Sternplatz. Fünfeckig ist er, aus seiner Mitte ragt eine Bronzesäule, die in viereinhalb Metern Höhe von einem Reiter gekrönt wird. Außerdem gibt es fünf Wasserspeier, die beim ersten Hinsehen wie Schlangen wirken. Erst bei genauerer Betrachtung wird deutlich: Es handelt sich um Pferdeköpfe. „Die Zahl fünf kommt nicht von ungefähr", erklärt Autor Stephan Müller. Sie ist zum einen eine Antwort auf die fünf Straßen, die vom Sternplatz abgehen. Sie erinnert aber vor allem auch an die fünf Eskadronen der Chevaulegers, die gemeinsam ein Regiment bildeten. „Der Brunnen wurde 1922 eingeweiht, drei Jahre nachdem das Regiment aufgelöst worden war",

„Der Brunnen wurde 1922 eingeweiht, drei Jahre nachdem das Regiment aufgelöst worden war."

erzählt der Bayreuth-Kenner. „Da hatte es seit mehr als hundert Jahren bestanden: 1803 wurde aus dem fürstbischöflichen Würzburger Husarenkorps, den Bamberger und den Würzburger Dragonern und dem Kurpfälzischen Dragoner-Regiment das 4. Chevaulegers-Regiment gebildet. 1811 wurde daraus das 6. Königlich Bayerische Chevaulegers-Regiment."

Als die berittenen Soldaten im Deutschen Krieg 1866 auf der Seite des Deutschen Bundes gegen Preußen und 1870/71 auf der Seite des Norddeutschen Bundes gegen Frankreich kämpften, war Bayreuth schon im Spiel: „Im September 1866 wurden zwei Schwadronen hierher verlegt, 1892 weitere zwei und 1909 die letzten. Damit war es ein Regiment", erzählt Stephan Müller. Freilich mussten die Soldaten auch irgendwo untergebracht werden, deshalb errichtete man in den Jahren zwischen 1879 und 1907 im Süden Bayreuths Kasernen.

Die Anwesenheit der vielen Soldaten prägte das Leben in der Stadt: Wer Mitglied der Chevaulegers war, galt in gewisser Weise als „Elitesoldat", wenn die „schweren Reiter" sich auch als vornehmer ansahen als die leichten. Da es in den Reihen der Soldaten wenig Adel gegeben habe, gehörten „die Bayerischen Chevaulegers (...) also nur bedingt zur Spitze des bayerischen Militärs", berichtet Reinhold P. Kuhnert in einem Aufsatz. Sehr selbstbewusst waren sie trotzdem: Die Leiterin des Historischen Museums, Dr. Sylvia Habermann, schreibt: „Wenn eine Eskadron, eine Unterabteilung des Regiments mit knapp über hundert Mann, in der Stadt unterwegs war, trappelten mehr als vierhundert Hufe über das Straßenpflaster. Die Militärpferde waren alle beschlagen, so dass sich ein solcher Auftritt nicht nur optisch, sondern immer auch akustisch sehr eindrucksvoll gestaltete." Und nicht immer hielt man beim Reiten eine angemessene Geschwindigkeit ein: Empört, so Habermann, hätten sich die Bayreuther über „Regimentsangehörige, die allein oder in Grüppchen in der Stadt umherritten und dabei ihren Mitbürgern zeigten, welches Temperament in ihnen und ihren Pferden steckte." Sie zitiert aus einem Protokoll des „Polizei Corporal" Hertel, der 1862 festhielt: „Heute Mittags 12 Uhr ritt der Herr Lieutenant von Stein in vollstem Carrière über den Marktplatz gegen die Kreuzstraße. Da dieß zur Zeit war, wo die Strassen von der Schuljugend, Fabrikarbeitern usw. am belebtesten sind und dadurch das auf den Strassen sich bewegende Publikum allgemein gefährdet ist, namentlich für Kinder u. alte unbeholfene Personen, und Herr Lieutenant Stein über dergl. verbotenes Reiten schon einmal betroffen worden, erstatten hierüber dienstschuldigst Anzeige." Habermann vermutet, dass es „Übermut und Angeberei" waren, die vor allem Offiziere und Unteroffiziere zu solchen Aktionen verführten.

Die Säule am Reiterbrunnen erinnert an die Schlachten und Einsätze der Chevaulegers.

Doch so übermütig die jungen Herren auch gewesen sein mochten: Im Krieg, in den sie so zahlreich ziehen mussten, dürfte der Überschwang manch eines Mannes verflogen sein, spätestens im Angesicht des Todes. Denn wie steht doch auf dem Brunnen zu lesen? „ZUR ERINNERUNG AN DAS KGL. BAYER. 6. CHEVEAULEGERS REGIMENT

‚KRESS' 1803–1919 UND DEM GEDÄCHTNIS SEINER TOTEN DIE FREUDIG IHR LEBEN FÜR KÖNIG UND VATERLAND HINGABEN.“ Weitere Inschriften an der Säule geben darüber Aufschluss, wo die Soldaten überall kämpften. „Stellungskämpfe an der Dubissa“, oder: „Gefechte gegen die Bolschewisten in Bessarabien, Westtaurien oder der Ukraine.“ Dabei hatten sie es zunehmend schwerer – als berittene Soldaten, die gegen Maschinengewehre anreiten mussten. „Das war ein extremes Ungleichgewicht“, kommentiert Stephan Müller. „Viele hatten nicht den Hauch einer Chance.“ Reinhold P. Kuhnert schreibt, dass seit Mitte des 19. Jahrhunderts „der Bedeutungsverlust der Kavallerie zu konstatieren“ sei, „verursacht durch die erhöhte Feuerkraft von Infanterie und Artillerie. Trotzdem wurde die Anzahl der Reiter-Regimenter in den europäischen Armeen weiter erhöht.“ Und „im Zeitalter von Maschinengewehr und Trommelfeuer“ ging dann möglicherweise auch so manche romantische Vorstellung der Soldaten, die sich als Helden zu Pferde sahen, im Kugelhagel unter. „Die nüchterne Auflistung von militärischen Einsätzen kann kaum eine Vorstellung davon vermitteln, was es für den einzelnen Soldaten bedeutete, nächtelang im Grundwasser des eisigen Schützengrabens (...) zu liegen oder gar unter schweren Artilleriebeschuss zu geraten“, meint Kuhnert.

An all diese Soldaten und ihr Wirken erinnert der von Architekt Hans Carl Reissinger (1890–1972) geschaffene Brunnen, der vierte an dieser Stelle. So sind sie heute noch in der Stadt präsent, die Chevaulegers, die von den Bayreuthern „Schwolleschee“ genannt wurden. Stephan Müllers Urgroßvater Josef Förstl war übrigens auch ein „Schwolleschee“. „Meine Uroma hat im Mannsbräu bedient, da haben die beiden, Anna und Sepp, sich kennengelernt.“ Zum Glück, denn: Sonst gäbe es Stephan Müller heute nicht.

Eva-Maria Bast

So geht's zum Reiterbrunnen:

Das Denkmal für die Chevaulegers steht auf dem Sternplatz.
Die Opernstraße, die Badstraße, die Richard-Wagner-Straße, die
Ludwigstraße und die Maximilianstraße führen darauf zu.

Amphitrite-Figur

Von allen Begleitern verlassen

Ach, wie sieht sie verängstigt und einsam aus, diese junge Frau mit dem hochgesteckten Haar! Wäre sie nicht aus Stein, so mancher Besucher des Hofgartens würde sie wohl gern in den Arm nehmen und fragen, was sie denn da in einem Brunnen verloren hat und was sie so sehr bekümmert. Er hat ja keine Vorstellung davon, dass die Dame keine geringere ist als Amphitrite, die Gattin des Meeresgottes Neptun, und dass ursprünglich nicht geplant war, sie alleine herumsitzen zu lassen. Im Gegenteil: Eigentlich sollten ihr Mann, ihre Schwestern, etliche Wassermänner, Nixen, Fische und Pferde – alles in allem 32 Figuren – ganz nah bei ihr sein. Sind sie aber nicht. Wo stecken sie nur?

„Markgräfin Wilhelmine hat bei ihrem Bruder Friedrich dem Großen in Potsdam eine wunderbare Figurengruppe gesehen, die den Triumphzug des Neptun dargestellt hat", beginnt Wilhelmine-Expertin Ute Domeyer. Der Meeresgott thronte dort mit seiner Frau auf einem Muschelwagen, gezogen von muskulösen Rössern, begleitet von allerlei Meeresvolk, und schoss wie ein Pfeil aus dem Ozean hinaus in die Luft. Zum Entzücken der Fürstin saßen dort 32 beeindruckende Bronzefiguren. Schade, dass man den Triumphzug des Neptun nicht mehr sehen kann: Er schmolz im Zweiten Weltkrieg bei den Luftangriffen auf Potsdam.

Den Kanal hat Markgräfin Wilhelmine eigens für den Triumphzug Neptuns anlegen lassen.

Kaum daheim in Bayreuth angekommen, beauftragt Markgräfin Wilhelmine in den 1750er-Jahren die Bildhauer-Brüder Johann David und Lorenz Wilhelm Räntz damit, eine ebensolche Gruppe aus Stein zu fertigen. „Um die Figuren richtig in Szene zu setzen, ließ sie im Hofgarten den Kanal mit den Inseln anlegen, den es heute noch gibt",

Amphitrite sitzt einsam und verlassen im Brunnen. Das war so nicht geplant.

erklärt Ute Domeyer. Die Handwerker arbeiten mit Hochdruck an den Figuren und stellen alle bis auf ein Pferd fertig, als Wilhelmine am 14. Oktober 1758 stirbt. Weder ihr Gatte Friedrich (1711–1763) noch ihre Tochter Elisabeth Friederike Sophie (1732–1780) teilen die Begeisterung für das Projekt „Triumphzug". Und so kommt es, dass die Figuren nach und nach achtlos über die ganze Stadt verteilt werden: Ein paar von ihnen stehen Ende des 18. Jahrhunderts im Hofgarten, ein paar landen im 19. Jahrhundert auf dem Bauhof und wieder andere hat Dorothea, die Schwägerin ihrer Tochter, nach Donndorf in ihre Sommerresidenz Fantaisie mitgenommen.

Diese bilden dort noch heute einen Brunnen unterhalb der berühmten Kaskade. Wer genau hinsieht, erkennt deutlich, dass die Figuren nur zusammengeschoben wurden und eigentlich nicht für diesen Zweck bestimmt waren. Zu sehen ist auf dem Fantaisie-Gelände, wie Neptun auf seinem Wagen thront und über die Schulter schaut. Aber da ist niemand, den er anblicken kann. Denn die, der seine Aufmerksamkeit eigentlich gelten sollte, sitzt im sechs Kilometer entfernten Hofgarten und sieht verängstigt und einsam aus. „Wenn die beiden, wie von Wilhelmine eigentlich geplant, nebeneinander aufgestellt wären, würde Neptun seine Frau wohl gerade fragen, ob sie sich auch gut festhält", interpretiert Ute Domeyer die Kopfhaltung und den spöttischen Gesichtsausdruck des Meeresgottes. Und Amphitrite schaue, als ob ihr bei der rasanten Reise des Triumphzuges aus dem Meer nicht ganz wohl sei – verängstigt eben.

Etliche andere Statuen des Triumphzuges sind noch heute im Hofgarten verstreut. So sitzt Amphitrites Schwester Galathea beispielsweise in der Nähe von Haus Wahnfried auf dem Trockenen. Getrennt voneinander ergeben sie nicht nur keinen Sinn, sie sehen auch ziemlich verloren aus. Doch mit Abstand am einsamsten wirkt Amphitrite.

Heike Thissen

....

So geht's zur Amphitrite-Figur:

Der kleine Brunnen mit der Amphitrite-Figur steht im Hofgarten hinter dem Neuen Schloss in der Bayreuther Innenstadt. Mit Blick zum Schloss entdeckt man sie linker Hand in Verlängerung des Kanals.

*Überreicht dem armen Petrus jeden Sonntag
Ersatzschlüssel: Mesner Thomas Dorn.*

12

Petrus ohne Schlüssel
Ersatzattribut für einen Heiligen

In der Spitalkirche gibt es einiges, was man nicht sieht, obwohl man es eigentlich sehen müsste. Geheimnisse der besonderen Art also. An der Decke zum Beispiel: Rings um das prachtvolle Gemälde schweben kleine Putten auf Wolken daher. Das tun sie wirklich, man kann sie nur nicht sehen, weil sie, wie Mesner Thomas Dorn erklärt, übermalt worden sind. „Dass es acht Putten an dieser Decke gibt, steht nirgends, auch beim Denkmalschutz ist das nicht vermerkt", sagt er. Nur durch Zufall habe er diesen Umstand auf einer alten Postkarte entdeckt. „Sonst wäre das wohl für immer in Vergessenheit geraten." Und noch etwas fehlt in der Spitalkirche: Die beiden Schlüssel des Heiligen Petrus. „Die Originale sind geklaut worden", sagt Dorn und malt sich aus, wie das geschehen sein könnte. Der Dieb muss auf die Kanzel geklettert sein, sich herübergebeugt und Petrus seine Schlüssel, die an der Hand der Heiligenfigur hingen, entwendet haben. „Petrus wird ja gern mit Schlüsseln dargestellt, es sind die Schlüssel zum Himmelreich", erklärt Dorn. Er weiß, wie sehr man sich strecken muss, um an die Schlüssel des Petrus in der

Petrus ohne seine Schlüssel.

Bayreuther Spitalkirche zu kommen. Denn nach dem Diebstahl ließ Thomas Dorn einen Ersatz anfertigen, den er, aus Angst vor einem erneuten Diebstahl, aber nur sonntags zum Gottesdienst an Petrus' Hand hängt und danach wieder abnimmt. Einmal in der Woche bekommt Petrus also Ersatzschlüssel gereicht.

„Petrus wird ja gern mit Schlüsseln dargestellt, es sind die Schlüssel zum Himmelreich."

Übrigens ist die Kanzel, auf die der Dieb steigen musste, um Petrus die Schlüssel abzunehmen, auch noch von dem sich küssenden Paar Friede und Gerechtigkeit geziert, zu dem es in Psalm 85, Vers 10 und 11 heißt: „Doch ist ja seine Hilfe nahe denen, die ihn fürchten, daß in unserm Lande Ehre wohne; daß Güte und Treue einander begegnen, Gerechtigkeit und Friede sich küssen."

Neben den verschwundenen Engeln und den verschwundenen Schlüsseln gibt es noch etwas, das man nicht sieht, wenn man die Kirche besucht: den riesigen, grandiosen, über zwei Stockwerke gehenden Speicher, in dem sich eine Turmuhr befindet, die noch mit Gewichten und Handkurbeln betrieben wird. Thomas Dorn kennt hier jeden Winkel. „Das hier oben ist wie ein Stück Heimat", sagt er. „Und den Schlag der Glocke spürt man im Boden." Wenn der Mesner hier oben ist, steht er quasi auf den verschwundenen Engeln und ihren Wolken. Vielleicht ist das Gefühl ja auch deshalb für ihn so erhebend. Noch erhebender würde er es aber finden, wenn die Engel eines Tages mittels Laser wieder sichtbar gemacht werden könnten. Und wenn man den Dieb fassen würde. Wenn Letzteres auch eher unwahrscheinlich ist, so dürfte eins doch klar sein: Die Pforte zum Himmelreich wird der Dieb mit den geklauten Schlüsseln keinesfalls öffnen können.

Unter dem weißen Anstrich fliegen Putten auf Wolken.

Eva-Maria Bast

So geht's zu Petrus:

Die Spitalkirche liegt in der Maximilianstraße. Petrus – ohne Schlüssel – steht auf dem Altar. Die verschwundenen Putten schwirren – unter Putz – um das Deckengemälde herum.

13

Buchstabe „A"

Zeichen eines abwesenden Regenten

Eigentlich gibt es über die Bayreuther Markgrafen unendlich viel zu erzählen – nur über einen nicht: Karl Alexander von Brandenburg-Ansbach (1736–1806) hatte keine große Bedeutung für Bayreuth, weil er sich wenig um die Residenzstadt kümmerte. „Und dennoch entdeckt man seine Spuren in der Stadt, wenn man genau hinsieht", erklärt Gästeführerin Elfriede Tittlbach. Zum Beispiel erinnert ein kunstvoll geschwungenes goldenes „A" am heutigen Gebäude der Regierung von Oberfranken an ihn. „Es ist deswegen hier angebracht, weil dieser Teil des Komplexes in den Jahren 1786 und 1787 unter Alexander erbaut wurde", erklärt die Bayreuth-Kennerin. Doch während der Markgraf durch das Zeichen heute noch an dieser Stelle und am Eingang zum Harmoniehof präsent ist, glänzte er zu seinen Lebens- und Regierungszeiten in Bayreuth eher durch Ab- als durch Anwesenheit.

Alexander wurde am 24. Februar 1736 als Sohn des Markgrafen Karl Wilhelm Friedrich von Brandenburg-Ansbach (1712–1757) und der Markgräfin Friederike Louise (1714–1784), einer Schwester Friedrichs des Großen, geboren. Zunächst war er der zweite in der Rangfolge hinter seinem älteren Bruder Karl Friedrich August. Doch dieser wurde nur vier Jahre alt, sodass Alexander 1737 als Erbprinz nachrückte. Als er 21 Jahre alt war, starb auch sein Vater und es war an Alexander, die Regierung zu übernehmen – zunächst in der Markgrafschaft Brandenburg-Ansbach. Am 20. Januar 1769 dann meinte es das Schicksal gut mit ihm:

> *„In den Haus- und Reichsgesetzen der Hohenzollern war festgehalten, dass sie sich gegenseitig beerben, wenn eine der beiden Linien ausstirbt."*

Weil der letzte amtierende Bayreuther Markgraf Friedrich Christian (1708–1769) ohne männlichen Erben gestorben war, fiel das fränkische Fürstentum ebenfalls an Alexander. Warum? „In den Haus- und

Elfriede Tittlbach erzählt die Geschichte des goldenen „A", das an den letzten Markgrafen erinnert.

Reichsgesetzen der Hohenzollern war festgehalten, dass sie sich gegenseitig beerben, wenn eine der beiden Linien ausstirbt. Die Gefahr, dass die Besitztümer an die bayerischen Adligen fallen könnten, war sonst einfach zu groß", erklärt Elfriede Tittlbach die Hintergründe.

Doch scheint sich Alexander zeitlebens nicht sonderlich für die heutige Festspielstadt interessiert zu haben. Die Doppel-Markgrafschaft regierte er von Ansbach aus. Nach Bayreuth sei er „fast alle Jahre" seiner Regierung gekommen, schreibt Gustav Schmidt in einem Porträt des Herrschers. „Er hielt sich nur für kurze Zeit auf und nahm mehrfach in Donndorf bei der Herzogin von Württemberg (…) sein Absteigequartier." Für die Bayreuther Markgrafschaft habe er selbst jedoch kaum große Leistungen vollbracht.

Der Buchstabe „A" hängt am Gebäude der Regierung von Oberfranken.

Sehr wohl interessierte er sich aber für seine männlichen Untertanen dort. Diese nämlich benutzte er, um seine und die Schulden seiner Vorgänger zu tilgen. Er verlieh sie in großer Anzahl an das Königreich Großbritannien, von dem sie in den Amerikanischen Unabhängigkeitskrieg (1775–1783) geschickt wurden. Aus diesem kehrten die meisten von ihnen nicht mehr zurück (siehe Geheimnis 25).

Doch die Engländer wurden nicht nur vielen Bayreuther Männern und ihren Familien zum Verhängnis, sondern auch dem Markgrafen selbst, und zwar in Person der adligen Schriftstellerin Lady Elisabeth Craven (1750–1828). Diese hatte er schon 1764 kennengelernt, zu einem Zeitpunkt, als er bereits mit Friederike Caroline von Sachsen-Coburg-Saalfeld (1735–1791) verheiratet war. Über Jahrzehnte hielten er und Lady Craven ihre Begeisterung füreinander aufrecht. Diese ging sogar so weit, dass Alexander 20 Jahre später bei Baron Craven, Ehemann von Elisabeth und Vater der gemeinsamen sieben Kinder, anfragte, ob ihm dieser seine Frau nicht verkaufen wolle. Craven soll geantwortet haben: „Ich trete Ihnen die Dame mit allen guten Wünschen für Ihre Zukunft kostenlos ab. Sie ist keinen Penny, geschweige einen Schilling wert." Kein Wunder, dass das Ehepaar Craven – beide Eheleute hatten diverse Affären gehabt – ab 1783 getrennte Wege ging. Dennoch taten sich Alexander und Elisabeth erst offiziell zusammen, als ihre Partner beide im Jahr 1791 starben. „Die sehr von sich überzeugte, resolute Dame mischte sich rasch und voll in die Regierungsgeschäfte ein – sehr zum Missfallen von Volk und Beamtenschaft", schreibt Autor Gustav Schmidt.

Am deutlichsten äußerte sich diese Einflussnahme in einem geheimen Vertrag, den Elisabeth maßgeblich mitgestaltete. Von langer Hand geplant, unterschrieb Alexander am 16. Januar 1791 ein Papier, mit dem er seine beiden Fürstentümer an Preußen verkaufte. Erst Monate später veröffentlichte er das Abkommen in Bordeaux. Bis dahin wussten seine Untertanen von nichts. Elisabeth hatte nicht nur die Übergabe, sondern auch eine hohe Abfindungssumme und eine jährliche Leibrente ausgehandelt. Elfriede Tittlbach muss schmunzeln: „Seither sagt man auch, wir Oberfranken wären die Preußen Bayerns." Tatsächlich dauerte diese Zeit nur wenige Jahre: Der französische Kaiser Napoleon (1769–1821), gegen den Preußen im vierten Koalitionskrieg 1806 unterlag, verlangte im Frieden von Tilsit 1807 die Abtretung der fränkischen Fürstentümer und verkaufte sie 1810 an das Königreich Bayern.

Doch da hatte das fränkisch-britische Liebespaar schon längst das Weite gesucht. Gemeinsam zogen sie nach England, wo die einst so glühend Angebetete ihren Alexander sowohl mit körperlicher Gewalt als auch mit psychischem Druck bis zu seinem Tod 1806 schlimm traktiert haben soll. Die Frage nach dem, was für Bayreuth von ihm geblieben ist, lässt sich leicht beantworten: ein fahler Nachgeschmack wegen der vermieteten Soldaten. Und die Buchstaben „A" in der Innenstadt, von denen einer am Kanzleigebäude hängt.

Heike Thissen

So geht's zum goldenen „A":

Das „A", das an Markgraf Alexander erinnert, ist am Gebäude der Regierung von Oberfranken in der Kanzleistraße über der rechten Toreinfahrt angebracht.

14

Balkon

Wo Wagner einst wohnte

D er alte Steinbalkon fällt auf, weil er merkwürdig ist. Zum einen passt er nicht zu dem modernen Gebäude, über dessen Eingang er prangt. Zum anderen kann man auf ihm keineswegs sitzen und entspannen, denn er ist nicht mit dem Haus verbunden, hat also keinen Zugang. Man müsste schon eine Leiter nehmen, um hinaufzugelangen. Was hat er also für einen Sinn? Die Inschrift gibt wenig Aufschluss, darauf ist lediglich zu lesen: „Landwirtschaftliche Berufsgenossenschaft".

Der kundige Bayreuther Dr. Klaus Bayerlein kennt die

„Hier stand bis etwa 1984 das erste Bayreuther Wohnhaus von Richard Wagner. Der Balkon blieb übrig, man hat ihn als Erinnerung gelassen."

Geschichte, die eigentlich ganz einfach ist: „Hier stand bis etwa 1984 das erste Bayreuther Wohnhaus von Richard Wagner", erzählt er. „Der Balkon blieb übrig, man hat ihn als Erinnerung gelassen."

Wer Richard Wagner (1813–1883) war und was er mit Bayreuth zu tun hat, muss wohl niemandem erklärt werden. Der Vollständigkeit halber – und weil Richard Wagner einfach in ein Bayreuth-Buch gehört – sei seine Geschichte hier aber dennoch erzählt:

Seinen leiblichen Vater Carl Friedrich Wagner (1770–1813) lernt Wagner nicht mehr wirklich kennen, er stirbt kurz nach Richards Geburt. Dessen Kindheit ist geprägt von zahlreichen Umzügen, teils lebt er in Pflegefamilien. Ein Schlüsselerlebnis für den jungen Wagner ist sein erster Opernbesuch in Leipzig, da ist er 16. Für den Jungen ist klar: Musiker will er werden. Später hat er dann mal gesagt: „In fünfzig Jahren werde ich der Beherrscher der musikalischen Welt sein."

Der junge Mann geht gleich daran, seinen Traum Realität werden zu lassen. Er schreibt Sonaten, ein Streichquartett, Ouvertüren. Ab 1831 studiert Wagner an der Universität Leipzig Musik. 1832 wird seine erste Konzertouvertüre aufgeführt, es gibt weitere Kompositi-

Dr. Klaus Bayerlein steht unter dem rätselhaften Balkon.

onen und weitere Aufführungen, es geht steil bergauf: Wagner komponiert 1833 „Die Feen", hat ein Engagement als Chordirektor des Würzburger Theaters. Nun entdeckt er nicht nur die Liebe zur Musik, sondern auch die zu Frauen, genauer: zur Schauspielerin Minna Planer. 1836 heiraten die beiden, 1837 wird Wagner Musikdirektor in Königsberg am Theater, das kurz darauf allerdings bankrottgeht. Und auch Richard Wagners Privatleben gerät in Schieflage: Minna brennt im Sommer mit einem anderen durch, kehrt im Oktober aber reumütig wieder zurück. Auch das Verhältnis zum Geld ist nicht ganz unproblematisch. 1839 flieht Wagner mit seiner Frau vor den Gläubigern – er lebt gern auf Pump – über die russisch-ostpreußische Grenze. Auf Umwegen und nach einer stürmischen Fahrt gelangt er nach London, was ihn zu seiner Oper „Der Fliegende Holländer" inspiriert, die er 1841 in Paris komponiert (siehe Geheimnis 48). Dann Dresden: Die Uraufführung seiner Oper „Rienzi" ist für Wagner so etwas wie ein Durchbruch. 1843 wird er Königlich-Sächsischer Kapellmeister an der Dresdner Hofoper, hier wird der „Fliegende Holländer" uraufgeführt, dann der „Tannhäuser". Die Lektüre Schopenhauers inspiriert ihn zu „Tristan und Isolde". Privat ist's turbulent, Wagner hat eine Affäre mit der verheirateten Mathilde Wesendonck, seine Frau Minna kommt dahinter, Wagner trennt sich von ihr. Man schreibt das Jahr 1858. Mathilde Wesendonck vermag es nicht, das Herz des Künstlers dauerhaft zu fesseln. 1863 werden er und die ebenfalls verheiratete Cosima ein Paar, die beiden werden mehrere gemeinsame Kinder haben.

1871 kommt Bayreuth ins Spiel, als Wagner die Residenzstadt als Sitz seines Festspielhauses auserwählt. „Er wird auch wegen unseres Markgräflichen Opernhauses auf Bayreuth aufmerksam, das damals noch in Betrieb war", sagt Bayerlein. „Dessen Bühnenmöglichkeiten konnten aber Wagners großes Orchester nicht aufnehmen."

Im Frühjahr 1872 zieht er mit Cosmia und seinen Kindern nach Bayreuth. Erst wohnt die Familie im Hotel Fantaisie, später in einer Stadtwohnung – in genau der, von der heute noch der Balkon übrig geblieben ist. Der Grundstein für das Festspielhaus wird gelegt, am 2. August 1873 feiert man Richtfest. Im Frühjahr darauf ziehen Cosima und Richard Wagner ins Haus Wahnfried. 1875 beginnen die Proben im Festspielhaus. Die ersten Festspiele finden im August 1876 im Beisein Kaiser Wilhelms I. (1797–1888) statt, der „Ring des Nibelungen" wird vollständig aufgeführt. Es folgen die Arbeit an „Parsifal" und ein Empfang bei Königin Victoria in England. Richard Wagners bewegtes Leben endet am 13. Februar 1883 in Venedig. Der Komponist hat Herzkrämpfe, schreibt trotzdem an einem Aufsatz „Über das Weibliche im Menschlichen". Seine Familie wartet bei Tisch vergebens auf ihn. Er schreibt noch: „Gleichwohl geht der Prozeß der Emanzipation des Weibes nur unter ekstatischen Zuckungen vor sich. Liebe – Tragik." So findet ihn das Hausmädchen, das eilends seine Frau verständigt. Etwa um 15.30 Uhr tut Richard Wagner in Cosimas Armen seine letzten Atemzüge. Drei Tage später wird der einbalsamierte Leichnam nach Bayreuth überführt, am 18. Februar der Sarg vom Bahnhof zum Haus Wahnfried geleitet und in der Gruft im Garten beigesetzt.

So glänzend Wagners musikalischer Lebensweg ist – es gibt auch Schattenseiten. Man spricht im Zusammenhang mit ihm auch von Antisemitismus, Ruhmsucht, Verschwendung und Blendwerk.

Geblieben sind das Festspielhaus und natürlich das Haus Wahnfried, das heute als Museum und Archiv genutzt wird. Und geblieben ist auch der Balkon, in den die Landwirtschaftliche Berufsgenossenschaft ihren Namen meißeln ließ.

Vor allem aber sind es Wagners große Werke, die an ihn erinnern. „Seine Musik", die sich, wie Musiktheoretiker Theodor W. Adorno schrieb, „gebärdet (...) als ob ihr keine Stunde schlüge."

Eva-Maria Bast

·······························

So geht's zum Balkon:

Der Balkon steht vor dem Haus „Am Dammwäldchen 4".

15

Ehemalige Universität
Ein Haus fürs unerwünschte Studentenvolk

D ass Bayreuth eine eigene Universität von hervorragen-
dem Ruf hat, ist weit über die Grenzen der Stadt hinaus
bekannt. Inzwischen lernen und forschen hier mehr als
12.000 Studenten aus ganz Deutschland, Europa und der
Welt. Doch auch wenn die reiche Geschichte der Festspiel-Stadt es
nahelegen würde: Die Gründung der Hochschule liegt noch gar nicht
so lang zurück! Es war im Herbst 1975, dass die ersten Studenten hier
ihr Studium aufnahmen. Davor hatte es zwar bereits 1742 eine Universität in Bayreuth gegeben – aber nur für genau 471 Tage.

Norbert Heimbeck, der als Redakteur beim Nordbayerischen
Kurier arbeitet und unter anderem für Universitätsthemen zuständig
ist, fasst die Geschichte in einem Satz zusammen: „Die Bayreuther
haben die Studenten nicht vertragen,
weil sie ihnen zu laut, zu aufmüpfig
und zu politisch waren." Die ausführ-
lichere Geschichte der ersten Universität auf Bayreuther Boden begann
am 15. Dezember 1741. An jenem Tag

*„Die Bayreuther haben die
Studenten nicht vertragen, weil
sie ihnen zu laut, zu aufmüpfig
und zu politisch waren."*

verkündete Markgraf Friedrich (1711–1763) zusammen mit seiner
Frau Wilhelmine (1709–1758), aus dem bereits bestehenden „Gymnasium Christian Ernestinum" ein „Gymnasium Academicum" machen
zu wollen. „Am Anfang sollte eine schulische Ausbildung stehen, an
die sich dann wissenschaftliche Vorlesungen anschlossen", erklärt
Norbert Heimbeck. Weil Markgraf Friedrich ehrgeizig war und die
„Academica Fridericiana" schnell unter Dach und Fach haben wollte,
gründete er sie, noch bevor die offizielle Erlaubnis dazu erteilt worden
war. Er wollte mit der Universität sicherstellen, dass genügend Leute
für seinen riesigen Verwaltungsapparat ausgebildet werden. Das war
wohl zu kurz gekommen, wie er selbst feststellen musste: „Demnach
Wir (...) wahrgenommen, dass (...) die in Unseren Landen und Fürs-

*Norbert Heimbeck steht vor dem Gebäude
der ehemaligen Universität.*

tentum etablierten (...) Gymnasia den intendierten Zweck bei weitem nicht erreichet (...) also haben Wir Uns gnädigst entschlossen (...) eine Akademie in Unserer Residenzstadt Bayreuth zu errichten", zitiert ihn die Universität Bayreuth.

Weil das Fürstenpaar auf die Schnelle kein geeignetes Gebäude auftreiben konnte, lud es am 21. März 1742 kurzerhand in die Aula des bereits bestehenden Gymnasiums zur Gründungsfeier ein. Der Markgraf kaufte im selben Jahr das Gebäude in der Friedrichstraße 15, wo die Professoren unter Leitung des französischen Leibarztes und Vertrauten von Wilhelmine, Daniel de Superville (1696–1773), ihre Lehrtätigkeit aufnahmen. Dieser hatte in enger Zusammenarbeit mit der Markgräfin die Gründung tatkräftig vorangetrieben. 31 Studierende sollen es gewesen sein, die sich in den Fächern Theologie, Jurisprudenz, Medizin und Philosophie ausbilden ließen. Viele von ihnen scheinen sich aber nicht aufs Studieren konzentriert zu haben, sondern darauf, Ärger zu machen. So jedenfalls empfanden es die Bayreuther von damals. „Die Studierenden legten sich nicht nur mit den einfachen Bürgern, sondern auch mit den Soldaten an. Da kippte die Stimmung schnell zu Ungunsten der Universität", rekonstruiert Heimbeck. Am 4. Juli 1743 war bereits wieder Schluss mit der universitären Lehre in Bayreuth. Ebenso kurzentschlossen, wie er die Einrichtung gegründet hatte, schloss Friedrich diese wieder und verlegte sie nach Erlangen. Dort wurde sie ganz offensichtlich von gesetzteren Studenten besucht – immerhin existiert die heutige Friedrich-Alexander-Universität in Erlangen seit jenen turbulenten Jahren.

Durch diese kuriose Geschichte kommt es, dass der erste Student im Matrikelbuch der Universität Erlangen-Nürnberg sich bereits eingeschrieben hatte, bevor es die Hochschule dort überhaupt gab: Georg Wilhelm Heinrich Erdmann Freiherr von Pölnitz immatrikulierte sich bereits am 24. März 1742 – in Bayreuth.

Heike Thissen

....

So geht's zur ehemaligen Universität:

Das Haus, in dem die erste Bayreuther Universität untergebracht war, steht in der Friedrichstraße 15.

Wuppt Bierkrüge in luftigen Höhen: die Bierliesl.

16

Bierliesl

Krüge stemmen auf einem Giebel

Wieso muss eine Münchnerin in Bayreuth Bierkrüge stemmen? Was trägt sie da für eine merkwürdige Scheibe – oder ist es ein keckes Hütchen – auf ihrem Haupt? Und weshalb tut sie das ausgerechnet gegenüber der evangelischen Spitalkirche? Und noch dazu in luftigen Höhen? Kulturwissenschaftler Dr. Frank Piontek kennt ihre Geschichte. Und er sagt, dass die Bayreuther über ein Jahrhundert lang nicht wussten, dass es sich bei der Frau um eine Münchnerin und nicht um eine Bayreutherin handelt. „Die Dame auf dem Giebel ist Coletta Möritz und sie lebte von 1860 bis 1953, wurde also ziemlich alt", stellt Piontek vor. Und Coletta Möritz war nicht irgendeine, sondern gewissermaßen *die* Münchnerin schlechthin: Sie war der Inbegriff von Schönheit und Gesundheit, die perfekte Kellnerin, schmückte zahlreiche Postkarten und war obendrein auch noch Schützenliesl.

Coletta Möritz erblickte das Licht der Welt im Jahre 1860 in Eben-ried bei Pöttmes im Landkreis Aichach, zog mit ihrer Mutter aber bald nach München, wo sie nach ihrer Schulzeit Kellnerin wurde. Als solche schleppte sie auch im „Sterneckerbräu" schwere Bierkrüge und beein-druckte den namhaften Maler Friedrich August v. Kaulbach (1850–1920) so sehr, dass er ihr Konterfei auf Leinwand bannte. Als im Juli 1881 in München das 7. Deutsche Bundesschießen auf der Theresien-wiese stattfand, erfreute sich das Ölgemälde, das Coletta mit neun Maßkrügen und einer Schützenscheibe auf dem Kopf zeigte, weltwei-ter Beachtung. Und das ist auch schon die Erklärung für die interes-sante Kopfbedeckung der „Bayreuther Bierliesl": „Es ist eine Schützen-scheibe", sagt Frank Piontek. In München blieb's nicht bei dem einen Bild. Eine Reproduktion des Werkes zierte Bierkrüge, Postkarten, Aschenbecher und sogar Pfeifenköpfe.

Und wie kommt die Münchner Bier-Ikone nun nach Bayreuth? Vielleicht hofften die ansässigen Bierbrauer, die „Bierliesl" würde ihrem Geschäft ähnlichen Erfolg bescheren wie in München. Seit vie-len Jahrhunderten befanden sich in dem Haus, auf dessen Giebel die „Bierliesl" thront, Bäcker, die, wie lange Zeit durchaus üblich, auch Bier brauten. Als Hans Böhmer im Besitz des Hauses war, brannte es 1886 ab und wurde anschließend wiederaufgebaut – zu einer Zeit, als die „Bierliesl" auf der Höhe ihrer Berühmtheit stand. Hatte doch fünf Jahre zuvor das besagte Bundesschießen stattgefunden, bei dem sie sozusa-gen entdeckt worden war. Inzwischen war sie mit dem Gastronomen Franz Xaver Buchner verheiratet, das Ehepaar bewirtschaftete mit gro-ßem Erfolg mehrere bekannte Brauereien und Gaststätten in München. Man kann mit Fug und Recht behaupten, die „Bierliesl" sei die Glücks-göttin des Brauens gewesen. Kein Wunder, dass ein Bierbrauer sie auf seinen Giebel setzte und sein Nachfolger das begeistert aufnahm.

Eva-Maria Bast

So geht's zur Bierliesl:

Die Schöne stemmt auf dem Giebel der Maximilianstraße 69 ihre Krüge.

Von oben kann man deutlich erkennen, wie das Haus zur Stadtkirche hin immer schmaler wird.

17

Schwindsuchthäuschen

Das schmalste Gebäude der Stadt

Es sieht so aus, als hätte sich dieses Häuslein zwischen seine Nachbarn gedrängt. Eine drollige Vorstellung: Eigentlich war da gar nicht genug Platz für ein Gebäude, aber das kleine Ding quengelte so lange, bis die beiden großen zur Linken und zur Rechten widerwillig stöhnend ihre Bäuche einzogen und ein paar Zentimeter Platz machten, sodass es sich dazwischenquetschen konnte. Fast sieht es so aus, als müsse es ein wenig die Luft anhalten, um seinen eigenen Rahmen nicht zu sprengen. Da passt sein Name hervorragend: Schwindsuchthäuschen. „Aber es verdient diese Bezeichnung eigentlich nur zur Hälfte", räumt Nachtwächter-Stadtführer Wolfgang Kielblock ein. Während das Haus zur Stadtkirche hin gerade mal so breit ist wie ein Mittelklassewagen, hat es zur Kämmereigasse hin eine normalbreite Front.

Das schmalste Haus der Stadt wurde um 1750 von dem französischen Architekten Joseph Saint-Pierre (1709–1754) entworfen. Da hatte dieser gerade etwas Zeit für solch kleinere Bauten, nachdem er zuvor unter dem Markgrafenpaar Friedrich und Wilhelmine jahrelang mit Arbeiten auf der Eremitage, in Sanspareil, am Markgräflichen Opernhaus oder der heutigen Stadthalle beschäftigt war. Warum Saint-Pierre dem Haus sein amüsantes Erscheinungsbild gab, ist nicht überliefert. Vielleicht klaffte dort tatsächlich eine Lücke, die es auszufüllen galt.

Das schmale Schwindsuchthäuschen steht gegenüber der Stadtkirche.

Wolfgang Kielblock erzählt zum Schwindsuchthäuschen gern die Geschichte von einem findigen Pfarrer der Stadtkirche, der es benutzt haben soll, um seine Kassen aufzubessern. „In der Kirche durften sich nur Paare trauen lassen, die in Bayreuth wohnten. Also ließ der Geistliche auswärtige Bräute mit ihren Eltern ein oder zwei Nächte in dem Häusle schlafen. Das hat dann quasi als Bayreuther Wohnsitz gegolten." Damit war beiden Seiten geholfen: Die Pärchen durften heiraten, der Pfarrer verdiente Geld mit den Trauungen. Andere Erzählungen besagen, dass im Schwindsuchthäuschen der Organist der Stadtkirche gelebt haben soll. Sonderlich groß kann sein Ansehen in der Gemeinde nicht gewesen sein, wenn man ihm das kleinste Haus der Stadt zuwies. Auf jeden Fall ist es ein Kuriosum. Und ein sehr niedliches noch dazu.

Heike Thissen

So geht's zum Schwindsuchthäuschen:

Das Schwindsuchthäuschen steht in der Kämmereigasse 3, wobei die schmale Hausseite zur Stadtkirche hin zeigt.

Das Relief zeigt eine tragische Szene: Das Zwerglein wird von einem Stein getroffen und stürzt vom Pferd.

18

Zwerglein-Gedenkstein

Der Mord am „Kleinen Wilhelm"

D as sieht dramatisch aus: Ein Pferd stürzt, sein Reiter fliegt über den Kopf des Tieres, daneben liegt ein Stein. Zu sehen ist all das auf einer Gedenktafel in einem Seitenflügel der Durchfahrt des Neuen Schlosses. Welch dramatisches Ereignis das Relief darstellt, das ist eine Geschichte, die Heimatkenner Stephan Müller gleichermaßen fesselt wie betroffen macht. Denn es ist nicht nur die Geschichte eines Sturzes, sondern auch die eines Mordes. In den heute nicht mehr lesbaren Kartuschen oberhalb und unterhalb des Reliefs stand einst zu lesen: „Am 30. Januar 1714 abends 5 Uhr, ist der hochfürstlich brandenburgische Kammerzwerg Georg Wilhelm Laubenberg hier mit seinem Pferd gestürzt und hat seinen Geist in selbiger Nacht um 1 Uhr auf dem hochfürstlichen Schloß zu Bayreuth im 21. Jahr seines Alters aufgegeben." Stephan Müller erzählt, dass Markgraf Georg Wilhelm von Brandenburg-Bayreuth (1678–1726) den Zwerg in einer Gruppe von Schaustellern entdeckt hatte.

Die Geschichte des Zwergleins macht Stephan Müller betroffen. Trotzdem muss er immer schmunzeln, wenn er das Relief betrachtet: weil er den kleinen Zwerg einfach so rührend findet.

„Er fand den Kleinen sympathisch und erzog ihn zum hochfürstlich brandenburgischen Kammerzwerg", erklärt Müller. „Er lag seinem Herren sehr am Herzen." Dass Laubenberg mit Vornamen wie sein Herr hieß, ist übrigens kein Zufall. Der Markgraf ließ ihm seine beiden Vornamen geben. Bei Hofe nannte man den Zwerg gern den „Kleinen Wilhelm".

So weit, so gut. Was aber hat es mit dem Sturz, dem Stein und dem Mord auf sich? „Der Kleine hatte eine scharfe Zunge, er war ja der Hofnarr und spottete immer kräftig", berichtet Stephan Müller. Damit hat sich der Kammerzwerg, der bei Tisch stets seine Narrenkappe trug, natürlich nicht nur Freunde gemacht. Als er am 30. Januar 1714 vom Brandenburger Schloss aus Richtung Bayreuth durch die Markgrafenallee ritt, habe ein unbekannter Täter ihm aufgelauert und einen Stein geworfen. Das Wurfgeschoss ließ ihn unweit des alten

Richtplatzes bei der „Schere", wo sich die Straße gabelt, stürzen, erzählt der Bayreuth-Kenner. Georg Wilhelm Laubenberg war nicht sofort tot: Mit schwerem Schädelbruch wurde er ins Schloss gebracht, wo er schnell verstarb. Hofprediger Georg Albrecht Stübner würdigte den Kleinen in seiner Trauerrede mit folgenden Worten: „Dergleichen Seltenheit

„Der Kleine hatte eine scharfe Zunge, er war ja der Hofnarr und spottete immer kräftig."

und Wunder der Natur / Mit welchem wenige vielleicht sind zu vergleichen / Konnt' unser Fürstenhof vor wenig Tagen zeigen / Ein großer Witz ersetzte treulich wieder / Den kleinen Leib – die recht subtilen Glieder / Nun aber raubt ein Fall die große Rarität."

Das Relief sollte eigentlich an der Unfallstelle stehen – was es zunächst auch tat. Erst nach dem Zweiten Weltkrieg wurde es an seinen neuen Standort im Durchgang des Neuen Schlosses gebracht. Und erzählt dort nun jedem, der es genauer betrachtet, die Geschichte von einem kleinen, vom Markgrafen sehr geliebten Menschen, der sterben musste, weil seine scharfe Zunge allzu gefürchtet war.

Eva-Maria Bast

So geht's zum Zwerglein-Gedenkstein:

Der Gedenkstein befindet sich, wenn man das Neue Schloss betritt, linker Hand in einem Seitenarm der Durchfahrt. Das Neue Schloss steht in der Ludwigstraße 21.

19

Fensterschürzen

Im Schatten des Dichters Jean Paul

Es ist weit über die Bayreuther Stadtgrenzen hinaus bekannt, das Haus in der Friedrichstraße 5. Das hat auch seine Berechtigung: Der Dichter Jean Paul (1763–1825) hat hier die letzten Jahre seines Lebens zugebracht und sich in einer Laube im idyllischen Garten zu so manchem literarischen Höhenflug aufgeschwungen. Schon allein deshalb ist das Sandsteingebäude etwas ganz Besonderes. Doch wer Brigitte Trausch, die Vorsitzende des Vereins „Rettet die Fachwerk- und Sandsteinhäuser!", fragt, erhält noch eine zweite Antwort. „Es sind auch die Fensterschürzen, die dieses Haus zu einer echten Rarität machen", sagt sie.

Und tatsächlich: Bei genauerem Hinsehen lässt sich erkennen, was das Auge zuvor übersehen hat: dass die Fenster des Jean-Paul-Hauses in den oberen Stockwerken so etwas wie eine Schürze tragen. Die aus dem Sandstein gearbeiteten Reliefs zeigen florale Details an den Seiten und mittig eine Art Steintuch mit Quasten. Weil er die gleiche Farbe hat wie das Gebäude, ist der Fassadenschmuck nur aus unmittelbarer Nähe auszumachen. „Diese Fensterschürzen sind in Bayreuth die ersten echten, während die rechteckigen Brüstungsfelder am Neuen Schloss nur der Fassadengliederung dienen", erklärt Brigitte Trausch. Das Haus wurde 1750, zur Zeit des Markgrafenpaares Friedrich (1711–1763) und Wilhelmine (1709–1758), erbaut und legte den Grundstein für eine Mode in der Architektur, die sich fast ausschließlich auf Bayreuth und sein Umland beschränkt. „Im Vergleich zu den Fensterschürzen, die danach auf dem Land angebracht wurden, sehen diese hier vergleichsweise einfach aus", hat Brigitte Trausch im Zuge ihrer Recherchen zu dem Thema herausgefunden. Vor allem im

Das Gebäude ist bekannt für Jean Paul, aber nicht für seine schönen Fensterschürzen.

Brigitte Trausch schaut aus einem Fenster, das mit so genannten „Schürzen" geschmückt ist.

Bayreuther Ortsteil Seulbitz oder in den nahe gelegenen Orten Bindlach, Mistelgau und Weidenberg gebe es prächtige Fensterschürzen, die es unbedingt zu erhalten gelte. Das Thema liegt ihr so am Herzen, dass sie eigens dafür ihren Verein gegründet hat, um die typischen Häuser der Region mit ihren außergewöhnlichen Schmuckformen vor dem Abriss zu bewahren.

Dass die Gegend um Bayreuth so gut mit kunstvollen Fensterschürzen ausgestattet ist, lag womöglich an der Not der Steinmetze. „Als Wilhelmine und Friedrich gestorben waren, nahm mit Friedrich Christian der vorletzte Bayreuther Markgraf sein Amt auf. Unter ihm kamen der künstlerische Hochbetrieb und auch sämtliche Bauvorhaben am Bayreuther Hof völlig zum Erliegen", erklärt Brigitte Trausch. Dem Markgrafentum war nach jahrzehntelanger Bautätigkeit und prunkvollem Leben am Hof das Geld ausgegangen. Auf einmal waren die Maurer und Steinmetze, allesamt hochqualifizierte Handwerker, die davor gut mit Aufträgen versorgt gewesen waren, nahezu arbeitslos. Weil es ihnen bei Androhung von Zuchthausstrafe verboten war, das Land zu verlassen, zog es sie in die umliegenden Dörfer, wohin sie ihre ganze Kreativität und Schaffenskraft mitnahmen. „So könnte sich erklären, warum die schönsten Fensterschürzen nicht an Bayreuther Stadthäusern, sondern an Bauernhäusern außerhalb zu finden sind", überlegt Brigitte Trausch. Nichtsdestotrotz sind auch diejenigen besonders, die am Jean-Paul-Haus zu sehen sind. Und bestimmt hat sich der Dichter auf dem Heimweg in seine Wohnung im zweiten Stock des Gebäudes so manches Mal über den Schmuck an der Fassade gefreut. Schließlich hatte er eine ausgeprägte Ader für alles Schöne.

Heike Thissen

Eine besondere Fensterschürze im Stadtteil Seulbitz.

So geht's zu den Fensterschürzen:

Das Jean-Paul-Haus mit den Fensterschürzen steht in der Friedrichstraße 5.

„Frauengasse" ist der älteste Straßenname Bayreuths.
Ihre Bezeichnung erhielt die Gasse durch das horizontale Gewerbe.

20

Frauengasse
Älteste Straße fürs älteste Gewerbe

Der Name ist Programm. Oder besser: Er war es zu jener Zeit, als er entstand. „,Frauengasse' ist der älteste Straßenname Bayreuths", sagt Wilfried Engelbrecht. Und warum war er einst Programm? „Hier stand ab dem 15. Jahrhundert das Frauenhaus – heute würde man Bordell sagen – und das war Namensgeber für die Straße", erklärt der Stadtkenner.

Zunächst habe sich das Frauenhaus in verschiedenen Gebäuden in der Gasse befunden und sei innerhalb der Straße immer wieder umgezogen. Die Lage direkt an der Stadtmauer war dabei typisch. So wie Prostituierte am Rande der Stadt leben mussten, standen sie auch am Rande der Gesellschaft.

„Hier stand ab dem 15. Jahrhundert das Frauenhaus – heute würde man Bordell sagen – und das war Namensgeber für die Straße."

„Die Berufsgruppe der Huren gehörte zu den sogenannten unehrlichen Leuten", erläutert Engelbrecht. Wobei „unehrlich" nicht, wie im heutigen Sinne, bedeutete, dass unehrliche Leute dazu tendieren, nicht die Wahrheit zu sagen. Nein, „unehrlich" hieß, dass jemand keine Ehre hatte und auch kein Ansehen. Wer „unehrlich" war, durfte zum Beispiel kein städtisches Ehrenamt bekleiden und weder einer Zunft beitreten noch eine solche bilden.

Auch empfahl es sich nicht, mit einem „Unehrlichen" in Kontakt zu treten. Wer es doch tat, wurde selbst unehrenhaft – weshalb auch die Kinder der Unehrenhaften eigentlich keine Chance hatten, ehrenhafte Bürger zu werden. „Auf der untersten Stufe der unehrenhaften Berufe standen Huren und Henker", erzählt der Bayreuth-Kenner. „Kein Wunder, dass sie sich oft privat oder beruflich zusammentaten." Schmunzelnd merkt Engelbrecht an, dass Huren wohl hinsichtlich des körperlichen Kontaktes eine Ausnahme bildeten. „Wer mit einer Hure in Berührung kam, wurde nicht unehrenhaft", sagt er. „Schließlich gehörte es zum Berufsbild der Huren, den unverheirateten Männern sehr nah zu kommen."

Zum Beruf des Henkers habe neben Folter, Hinrichtung, der Reinigung von Kloaken und dem Abschneiden von Selbstmördern oft auch die Betreuung des Bordells gehört. Und manchmal heirateten Henker und die Damen des horizontalen Gewerbes eben auch. Engelbrecht zitiert aus der Chronik des Bayreuther Stadtschreibers Hans Wolf Heller, der schrieb: „Meister Heinrich, scharfrichter, hält hochzeit mit der hurenwürthin von Bamberg Montag nach Aegidy, den 2. September 1560."

Übrigens waren Huren, die in Frauenhäusern arbeiteten, die angeseheneren Vertreterinnen ihrer Berufsgruppe. „Die Frau, die auf der

Straße ihre Dienste anbot, wurde Gassenhure genannt und stand im Ansehen ganz weit unten", erklärt Engelbrecht.

In den Frauenhäusern ging es geordnet zu. Zwar sei nicht dokumentiert, wie die Ordnung konkret in Bayreuth geregelt war, doch hat der Stadthistoriker die Nürnberger Bordellordnung aus dem 15. Jahrhundert ausgegraben, die den hübschen Namen „Ordnung über gemeyne weyber" trägt. Da Bayreuth jahrhundertelang zum Burggrafentum Nürnberg gehört habe, habe sich der Rat der Stadt an Nürnberger Recht und Gesetz, Maßen und Gewichten orientiert. Und damit ließen sich „die Nürnberger Gepflogenheiten hinsichtlich des Umgangs mit den städtischen Prostituierten zumindest teilweise auch auf die Bayreuther Verhältnisse übertragen", erklärt Engelbrecht. Der Stadtrat verbot den Nürnberger Bordellbetreibern bei Strafe, die Frauen zu „verpfänden", wie das offenbar zuvor immer wieder geschehen war. Sie durften von den Huren, die in ihrem Haus lebten, Geld verlangen, sie dabei aber nicht übervorteilen. „Sie sollten ihnen eine Kammer, Bettwäsche und Speisen geben und ihnen mindestens einmal in der Woche ein unentgeltliches Bad bereiten", sagt Wilfried Engelbrecht. Für jeden Geschlechtsakt mit einem Mann mussten die Huren dem Bordellbetreiber einen Pfennig zahlen. Wenn der Freier bei der Dirne nächtigte, kostete das sogar drei Pfennige. Es war den Bordellbetreibern verboten, die Frauen einzusperren. „Verheiratete

Für Wilfried Engelbrecht ist dieses Straßenschild eines der spannendsten in ganz Bayreuth.

Frauen oder Kinder von Bürgern aus der Stadt durften nicht aufgenommen werden", führt Engelbrecht aus. „Genauso durften keine Ehe-
männer oder Geistliche Kunden sein." Und wenn die Frau „vom sün-
digen Leben Abstand" nehmen wollte, durfte der Bordellbesitzer sie
nicht zum Weitermachen zwingen.

Ab 1520 kann der Standort des Bordells in der Frauengasse ganz
exakt nachgewiesen werden. Denn als Markgraf Kasimir von Bran-
denburg-Kulmbach (1481–1527) samt seinem Hofstaat in Bayreuth Einzug hielt, befahl er der Stadtverwaltung die Einrichtung
eines solchen Hauses. Das gab es in der Frauengasse ja ohnehin schon, nun wurde es aber fest im
Gebäude Frauengasse 2 etabliert, das die Stadt extra zu diesem Zweck
kaufte. „Kasimir ließ das Haus wohl zu seinem eigenen Vergnügen
einrichten", vermutet Engelbrecht.

> *„Verheiratete Frauen oder Kinder von Bürgern aus der Stadt durften nicht aufgenommen werden."*

In den Akten ist zum Hauskauf vermerkt: „Frawenhawß. Jorgen
Neuckam ist sein haws mitsamt dem gartten, hintten an der mawr
gelegen, zu einem frawenhawß umb neunthalben gulden und XXIII
d. leickauffs abgekaufft, das ytzo, dieweill mein gnädiger herr marg-
graff Casimir mit seiner fürstlichen gnaden hoffhaltung hiehere kombt
und bleiben will, zu einem gemeinen hawß zu haben."

Generell, urteilt Engelbrecht, sei Kasimir „ein ganz übler Geselle"
gewesen, der vor allem auch im Bauernkrieg (1524–1526) „viel Schrecken verbreitete". Den Damen des Bordells ist nachträglich zu wünschen, dass er in liegender Position umgänglicher war.

Eva-Maria Bast

So geht's zur Frauengasse:

*Die Frauengasse zweigt von der Maximilianstraße ab und führt
in Richtung Stadtmauer. Das einstige Frauenhaus des Markgrafen
Kasimir findet sich in der Frauengasse 2.*

Der Grabstein der Stecknadelbraut erzählt vom tragischen Ableben der jungen Frau am Tag ihrer Hochzeit.

21

Stein der Stecknadelbraut

Tod am schönsten Tag des Lebens

Dass sich ausgerechnet in diesem Gebäude heute ein Geschäft für Brautmode befindet, kann man fast als Ironie des Schicksals bezeichnen. Denn das Stammhaus der traditionsreichen Familie Schlenck erinnert unter anderem an eine Vorfahrin, die alteingesessene Bayreuther als die „Stecknadelbraut" kennen. Wie Margaretha Katharina Schlenck (1702–1721) zu diesem Namen kam, ist eine herzerweichende Geschichte.

Es ist der 25. Juni 1721, als die knapp 19-Jährige sich auf den schönsten Tag ihres Lebens vorbereitet. Markgraf Georg Wilhelm (1678–1726) regiert gerade in Bayreuth und konzentriert sich mehr auf sein ausschweifendes Hofleben und auf Seeschlachten auf dem Brandenburger See (siehe Geheimnis 9) als aufs Regieren. Doch Margaretha Katharina ist an diesem Morgen mit anderem beschäftigt als mit den Eskapaden ihres Landesherrn. Die Tochter eines Bayreuther Rotgerbers ist früh aufgestanden, um sich für ihren Bräutigam besonders schön zu machen. Aber während sie ihr Brautkleid anzieht und sich das traditionelle Myrtensträußchen ansteckt, fehlt ihr offenbar eine dritte Hand zum Halten der dafür notwendigen Utensilien.

Das Haus erinnert an Familie Schlenck und das tragische Schicksal ihrer Vorfahrin Margaretha Katharina.

Vielleicht sind aber auch noch letzte Korrekturen an ihrem Kleid nötig, das sie sich mit Sicherheit nicht selbst angefertigt hat, weil ein Aberglaube besagt, dass das Unglück bringen könnte. Auf jeden Fall klemmt sie sich Stecknadeln zwischen ihre Lippen – und begeht damit einen fatalen Fehler! Denn in der Aufregung rutscht

Auf jeden Fall klemmt sie sich Stecknadeln zwischen ihre Lippen – und begeht damit einen fatalen Fehler!

der schönen Margaretha Katharina eine der Nadeln erst in den Mund und dann in den Hals. Sie verschluckt sie und stirbt noch am selben Tag an den Folgen. Als ihre Eltern Johann Adam und Anna Elisabetha den ersten Schock über dieses grausame Schicksal überwunden haben, lassen sie ihrer einzigen Tochter einen Grabstein anfertigen, der die ganze Machtlosigkeit, aber auch die Schicksalsergebenheit der verzweifelten Eltern darstellt. Keinen Geringeren als den Barock-Bildhauer Elias Räntz (1649–1732), der viele der heute bekannten Denkmäler in Bayreuth geschaffen hat, betrauen sie mit diesem besonderen Auftrag. Und Räntz, ein Meister seines Fachs, schafft ein Kunstwerk, mit dem Margaretha Katharina Schlenck und ihrer tragischen Geschichte ein Denkmal gesetzt wird, das die Jahrhunderte überdauert: Beinahe in Lebensgröße ist die junge Braut in ihrem prächtigen Kleid dargestellt. Sie deutet mit der linken Hand auf ein Kreuz, mit der rechten auf ihren Bauch unter dem straffen Mieder – dorthin, wo zum Zeitpunkt ihres Todes die Nadel steckt.

Der Grabstein stand viele Jahrhunderte auf dem Bayreuther Stadtfriedhof an der Mauer. Um ihn und die Geschichte, die er erzählt, auch für die kommenden Generationen zu bewahren, wurde er inzwischen in die Aussegnungshalle gebracht. Doch als Andenken an die junge Frau bleibt auch das Haus in der Kulmbacher Straße 6, das die Nachfahren ihrer Familie 1861 kauften, um dort die Tradition der Gerberei viele Jahrzehnte fortzuführen. Hätte es in dem Gebäude damals schon Brautkleider zu kaufen gegeben, wie das heute ja der Fall ist, hätte Margaretha Katharina Schlenck vielleicht keine Nadel in den Mund stecken müssen. Und die Geschichte wäre ganz anders ausgegangen.

Heike Thissen

So geht's zum Stein der Stecknadelbraut:

Der Grabstein der Stecknadelbraut befindet sich in der Aussegnungshalle des Städtischen Friedhofs. Das Haus, in dem die Nachfahren der Familie von Margaretha Katharina Schlenck ihre Gerberei betrieben, steht in der Kulmbacher Straße 6.

22

Synagoge

Geschützt durch den berühmten Nachbarn

E s sind nur wenige Zentimeter, die die Bayreuther Synagoge vom Markgräflichen Opernhaus trennen. Und das ist gut so! Nur weil der Abstand zwischen beiden so gering ist, kann die jüdische Gemeinde das Gebäude in der Münzgasse noch heute nutzen. Denn während in der Reichspogromnacht am 9. November 1938 die Nationalsozialisten in der damaligen Gauhauptstadt wie auch überall sonst im Reich jüdische Geschäfte ausraubten, jüdische Wohnungen verwüsteten und jüdische Männer und Frauen brutal misshandelten und zusammentrieben, wurde die Synagoge zwar geplündert, aber nicht vollständig zerstört. „Dass der SA-Befehl ‚Abbrennen‘ nicht befolgt wurde, verdankt die Synagoge ihrer unmittelbaren Nähe zum Opernhaus, das man keiner Gefahr aussetzen wollte", fasst die Geschichtswerkstatt in ihrer Publikation „Umgeguckt und hinterfragt" zusammen.

> „Dass der SA-Befehl ‚Abbrennen‘ nicht befolgt wurde, verdankt die Synagoge ihrer unmittelbaren Nähe zum Opernhaus, das man keiner Gefahr aussetzen wollte."

Das Haus, in dem sich die Synagoge noch heute befindet, wurde bereits 1714 unter Markgraf Georg Wilhelm (1678–1726) als Veranstaltungsort für Bälle und Opern gebaut. Doch das Fürstenpaar Friedrich (1711–1763) und Wilhelmine (1709–1758) fand 1743 die vorhandenen Spielstätten nicht mehr repräsentativ genug – das Gebäude in der Münzgasse eingeschlossen. Also ließ die Markgräfin in den Jahren 1746 bis 1750 eines der schönsten Barocktheater Europas in unmittelbarer Nähe bauen: das Markgräfliche Opernhaus. 1748 wurde es anlässlich der Hochzeit ihrer Tochter Elisabeth Friederike Sophie (1732–1780) mit Herzog Karl Eugen von Württemberg (1728–1793) eröffnet, obwohl noch nicht alle Arbeiten beendet waren. Von da an stand das Redouten- und Opernhaus in der Münzgasse im Schatten des wesentlich größeren

Über dem Eingang der Synagoge steht: „Dies ist das Tor zum Herrn, Gerechte gehen durch es hinein."

81

und imposanteren Nachbarn. Es war für das Hofleben unbedeutend geworden. Also konnte Friedrichs Hofbankier und Münzlieferant Moses Seckel, der Gründer der jüdischen Gemeinde in Bayreuth, das Gebäude 1759 für 8520 Gulden kaufen. Mit Erlaubnis des Markgrafen ließ er es zur Synagoge umbauen und am 15. März 1760 einweihen. Auf bis zu 100 Familien sollte die Zahl der Bayreuther Juden in den kommenden Jahrzehnten anwachsen. Ihre Gottesdienste hielten sie in der Münzgasse.

Dass die Synagoge noch steht, verdankt sie ihrer Nähe zum Markgräflichen Opernhaus.

Doch als die Gemeinde 1935 ihr 175-jähriges Bestehen feierte, ahnte Rabbiner Dr. Felix Salomon bereits, dass diese Zeiten bald vorbei sein würden. Am 15. März 1935 schrieb er in einem Beitrag der Bayerischen Israelitischen Gemeindezeitung: „In schwerer Zeit wurden Gemeinde und Synagoge begründet, in schwerer Zeit feiern wir das 175-jährige Bestehen. Möge durch göttliche Gnade unserer Gemeinde Existenz und Zukunft erhalten bleiben!" Der Wunsch wurde ihm nur teilweise erfüllt. Der Bayreuther Oberbürgermeister der NS-Jahre, Fritz Kempfler (1904–1985), nahm in den Pogromstrafverfahren in den Jahren 1947 bis 1949 für sich in Anspruch, die Synagoge in der Reichspogromnacht gerettet zu haben. Den entsprechenden Akten ist zu entnehmen, dass der Leiter der Bayreuther Polizei sich in jener Nacht mit dem Bürgermeister abstimmte und Polizeibeamte und ein Löschfahrzeug der Feuerwehr zur Synagoge schickte, um diese gegen

Angriffe zu sichern. Dabei dürfte es Kempfler weniger um den Erhalt des Gotteshauses als vielmehr um den des Opernhauses gegangen sein. Doch das Innere wurde zerstört und geschändet und SS-Angehörige versuchten am nächsten Morgen, die Mauern abzutragen. Auch dagegen soll sich Kempfler erfolgreich gewehrt haben. Er verhinderte jedoch nicht, dass Bayreuther Bürger die Trümmer aus den Räumen trugen und die Holzsäulen später in die Feuerwache bei der Stadtkirche verbracht wurden (siehe Geheimnis 28). Am 5. Januar 1939 kaufte das Land Bayern die Synagoge für 2000 Reichsmark.

Während ihr Gotteshaus vergleichsweise glimpflich davonkam, ereilte die jüdischen Bewohner der Stadt dasselbe grausame Schicksal wie anderswo in Deutschland: Die Nationalsozialisten verjagten, deportierten oder töteten in den kommenden Jahren jeden Einzelnen von ihnen. Im November 1944 brachten sie den letzten in Bayreuth verbliebenen Juden Justin Steinhäuser ins KZ-Außenlager von Buchenwald.

Doch die Bayreuther jüdischen Glaubens ließen sich trotz aller Ungerechtigkeiten, Grausamkeiten und Morde nicht unterkriegen. Bereits im August 1945 gründeten 18 Holocaust-Überlebende ein Informationsbüro und es entstand ein Kulturhaus. Ende des Jahres waren bereits wieder 282 jüdische Bürger in der Stadt registriert, die die Synagoge so weit wie möglich renovierten und ihr Gemeindeleben dort wiederaufnahmen. Erst in jenen Monaten erfuhren sie, dass nicht nur das Markgräfliche Opernhaus die Synagoge gerettet hatte, sondern auch umgekehrt: Bei den Luftangriffen im April 1945 (siehe Geheimnis 50) hatten die Alliierten den markgräflichen Prachtbau verschont, weil er zu nah am jüdischen Gotteshaus stand.

Heike Thissen

....

So geht's zur Bayreuther Synagoge:

Die Bayreuther Synagoge steht in der Münzgasse 2.

Joachim Schmidt unter dem Wappen, das einst am Mühltürlein angebracht war.

23

Wappen

Überbleibsel eines wehrhaften Gemäuers

E s war das letzte von drei Stadttoren. Das erste, das Obere Tor, befand sich dort, wo heute der Sternplatz ist. 1737 musste es weichen. Das zweite, das Untere Tor, stand am unteren Ende der Maximilianstraße, etwa dort, wo sie die Dammallee kreuzt, und wurde 1752 abgebrochen. Doch über hundert Jahre lang, genauer: fast eineinhalb Jahrhunderte, stand danach noch das dritte und letzte Tor, das Mühltürlein, in der gleichnamigen

Straße. Erst 1895 wurde es abgetragen. Etwas ist jedoch erhalten geblieben: ein Wappen, das sich an dem Tor befand und das nun vor dem Eingang zum Stadtarchiv auf der Rückseite der Spitalkirche über dem Durchgang hängt.

Und woher hat das Mühltürlein seinen Namen? In seiner Beschreibung der Häuser und Straßen Bayreuths schreibt Friedrich König dazu: „Die Pforte, das Mühltürlein benannt, weil außerhalb desselben die sog. Bley- eigentlich Pleitner-Mühle an dem Main befindlich (so vermutlich in ganz alten Zeiten nur die einzige dahier gewesen)." Auch der Ort ist genau angegeben, es „stehet beinahe zu Ende der Hauptstraße (Markt) gegen Norden an dem Ende eines schmalen Ausganges zwischen dem Spital und dem herrschaftlichen Kornboden."

„Das ist also ganz in der Nähe von der Stelle, wo sich heute das Überbleibsel des Mühltürleins befindet", erzählt der heimatkundige Bayreuther Joachim Schmidt. Ziemlich wehrhaft soll es gewesen sein, was zwar einerseits den erwünschten Effekt brachte, Feinde abzuschrecken, andererseits jedoch den Richtern im benachbarten Amtsgericht das Licht nahm. Und das passte diesen so gar nicht. Tatsächlich begründete die Regierung von Oberfranken den Abriss so: „Bekanntlich ist ärarialischer Seits behufs Gewinnung von mehr Licht und Luft für die Rückseite des hiesigen Amtsgerichtsgebäudes der Abbruch der hinter demselben stehenden alten Frohnveste beabsichtigt und wurde gelegentlich der Vorbereitungen hierüber der gleichzeitige Abbruch des Mühltürleins in Anregung gebracht." Für den Abbruch des Mühltürleins sei aber mancher Ärger zu erwarten gewesen, sagt Schmidt. Deshalb habe der Staat es der Stadt schenken wollen.

> „... und wurde gelegentlich der Vorbereitungen hierüber der gleichzeitige Abbruch des Mühltürleins in Anregung gebracht."

Herbert Conrad schreibt hierzu in einem Aufsatz über das Mühltürlein: „Die Regierungs-Entschließung versucht mit Engelszungen den schwierigen Brocken dem Magistrat schmackhaft zu machen, dem – wie es wörtlich heißt – ‚doch viel daran gelegen sein dürfte, an Stelle des schmalen finsteren und ungesunden Durchganges eine breitere und schönere Passage zu gewinnen, wodurch namentlich auch der Verkehr vom unteren Markt nach dem Schlachthaus erleichtert werden würde'". Doch der Magistrat war skeptisch, erst viel später kaufte die Stadt es zum Abbruch.

In der Beschreibung von König steht, dass es „ehedem" ein „viereckiges Gebäude außen an der Stadtmauer" gewesen sei, „von welchem eine steinerne, gewölbte Brücke über den Graben führte, wo das Wachthaus mit einem Durchgang stand." Später, oder besser: „da Markgraf Christian Ernst in denen Jahren 1662 bis 1671 alle Befestigungswerke der Stadt neu herstellen ließ", habe es ein neues Gesicht bekommen, „so aus zwei Teilen bestehet. Der äußere, alte, viereckige gewölbte blieb, ward mit doppelten – jedes aus zwei Flügeln bestehenden – festen Toren verwahrt, der obere Teil desselben zu einer Wohnung für den Wächter eingerichtet (...), das Dach in Form eines viereckigen Turmes verfertiget und mit Schiefer gedeckt, dann über dem äußeren Tor ein Wappen in freistehendem ovalen Schild in Stein angehieben stehet." Und eben das, sagt Joachim Schmidt, sei das Wappen, das heute über dem Durchgang prangt. Wer von den Hindurchgehenden würde etwas von der Bedeutung des Tores erahnen, über dem es sich einst befand?

Das letzte Überbleibsel des Mühltürleins.

Eva-Maria Bast

So geht's zum Wappen:

Das Wappen, das vom Mühltürlein übrig blieb, befindet sich hinter dem Spital beim Eingang zum Stadtarchiv in der Straße „Am Mühltürlein".

Die dezente Gedenktafel für Maria Anna Thekla Mozart.

24

Goldene Inschrift

Vom „Bäsle-Häsle" zur würdigen Bayreutherin

Die Inschrift ist beim flüchtigen Blick nicht ganz einfach auszumachen. Man kann sie zwar deutlich erkennen, aber das Gold auf dem beigen Sandstein sticht nicht wirklich hervor und die dunklere, eingravierte Zeichnung ist von großer Zartheit. Irgendwie passt diese Zurückgenommenheit auch: Führte Maria Anna Thekla Mozart (1758–1841) in der Zeit, die sie in diesem Haus verbrachte, doch ein weitaus ruhigeres Leben als in jungen Jahren, in denen sie wohl Wolfgang Amadeus Mozarts (1756–1791) Geliebte war und als sein „Bäsle-Häsle" bekannt wurde.

Mozart, der für seine zwei Jahre jüngere Cousine zärtliche Begriffe wie „allerliebstes Bäsle-Häsle" und „liebes Violincellchen" verwandte, lernte die junge Maria Anna Thekla 1763 in Augsburg kennen. „Doch es dauerte noch 14 Jahre, bis es funkte", erzählt der geschichtskundige Stephan Müller, der mehrere Bücher über Bayreuth veröffentlicht hat. Mozart

„Doch es dauerte noch 14 Jahre, bis es funkte."

und sein 19-jähriges Bäsle gingen im Oktober 1777 wohl eine erotische Beziehung ein, deren Charakter sich in den bis heute erhaltenen Briefen von Mozart vermuten lässt. Die Antwortschreiben vom Bäsle-Häsle gibt es nicht mehr. Dabei wäre durchaus interessant gewesen zu erfahren, was sie auf derart derbe Zeilen erwiderte: „iezt wünsch ich eine gute nacht, scheissen sie ins beet daß es kracht; schlafens gesund, reckens den arsch zum mund, ich gehe izt nach schlaraffen, und thue ein wenig schlaffen. (...) Mein arsch brennt mich wie feüer!"

Mozart stand mit seiner Cousine zwischen Oktober 1777 und Oktober 1781 im Briefwechsel. Und diese Briefe sind, schrieb einst der profunde und inzwischen verstorbene Kenner der Bayreuther Geschichte Bernd Mayer (siehe Nachwort), „in der gleichen ekstatischen Tonart gehalten, die zart besaiteten Mozartianern die Haare zu Berge treibt". Der letzte Brief vom 23. Oktober 1781 jedoch ist weitaus zurückhaltender, regelrecht zahm, und wenn Mozart auch schreibt, dass er „hoffe, daß unsere Correspondence liebes bäsle, nun erst recht angehen soll!", ist das Verhältnis doch schon merklich kühler. Knapp zweieinhalb Jahre danach schenkt Maria Anna Thekla einer unehelichen Tochter, Maria Josepha, das Leben, der Vater ist ein Augsburger Domherr.

„Und 30 Jahre später sind Mutter und Tochter nach Bayreuth gezogen", erzählt Stephan Müller. Maria Josepha war nämlich inzwischen verheiratet – mit Franz Joseph Streitel, der Postdirektor in Bayreuth wurde. Hier verbrachte das einst so geliebte „Bäsle-Häsle" die letzten 27 Jahre seines Lebens, das am 25. Januar 1841 zu Ende

ging. Zwar ließ Maria Josepha ihre Mutter auf dem Bayreuther Stadtfriedhof bestatten, ihr Grab wurde jedoch 1901 abgeräumt. Bernd
Mayer hält das in seinem Artikel für „eine unverzeihliche Ignoranz
und leider nicht mehr zu korrigieren".

So erinnert nur noch die dezente In-schrift an Maria Anna Thekla Mozarts Wohn-haus daran, dass das „Bäsle", als es eine ältere Dame geworden war, hier lebte.

„Ich kann mir nicht vorstellen, dass sie auf ihre amourösen Eskapaden mit ihrem Vetter stolz war, als sie hier in Bayreuth einen ruhigen Lebensabend verbrachte."

Die Schlichtheit hätte ihr sicher gefallen. „Ich kann mir nicht vorstellen, dass sie auf ihre amourösen Eskapaden mit ihrem Vetter stolz war, als sie hier in Bayreuth einen ruhigen Lebensabend verbrachte. Ich vermute, das wäre ihr peinlich gewesen", überlegt Ste-phan Müller.

Was Maria Anna Thekla wohl dazu gesagt hätte, dass über der Inschrift ihr Konterfei neben dem ihres Vetters zu sehen ist?

Eva-Maria Bast

....

So geht's zur goldenen Inschrift:

Die Gedenktafel für Maria Anna Thekla Mozart ist an ihrem einsti-gen Wohnhaus, Friedrichstraße 15, angebracht.

GRABMAL DES OBRISTEN
FRANZ VON SEYBOTHEN
ER KÄMPFTE AUF GEHEISS
DES MARKGRAFEN ALEXANDER
FÜR DIE ENGLÄNDER IM
AMERIKANISCHEN UNABHÄNGIGKEITSKRIEG
1777 - 1783

VON ÜBER 2000 SOLDATEN
KEHRTEN NUR DIE HÄLFTE WIEDER
IN DIE HEIMAT ZURÜCK

UND
SEINE
FREUNDE

25

Seybothen-Denkmal
Fränkisches Kanonenfutter für England

D iese Inschrift klingt nach einem großartigen Menschen: „Sämtliche Offiziere seines Regiments und seine Freunde" stellten dem „verdienstvollen würdigen Herrn Obrist" in seinem Todesjahr 1786 eine steinerne Urne mit Trauerflor auf, ist da zu lesen. Und wer war dieser verdienstvolle Herr? Es handelt sich um Franz von Seybothen (1735–1786), der auf dem Friedhof in St. Georgen bestattet ist. Er mag in den Augen seiner Vertrauten tatsächlich ein feiner Kerl gewesen sein. Viele Bayreuther Familien des ausgehenden 18. Jahrhunderts hingegen dürften einen ziemlich großen Groll gegen ihn und noch mehr gegen seinen Chef, Markgraf Karl Alexander (1736–1806), gehegt haben. „Franz von Seybothen war 1778 der Kommandant des hochfürstlichen Infanterieregiments von Bayreuth und St. Georgen", erklärt Ernst-Rüdiger Kettel, der so tief in St. Georgen verwurzelt ist, dass ihn seine Mitbürger den „heimlichen Bürgermeister" nennen. Das klingt zunächst noch nicht nach einem triftigen Grund, um über den Obristen verärgert zu sein. Doch Seybothen führte die Soldaten nicht etwa in einem Gefecht auf europäischem Boden, sondern im Amerikanischen Unabhängigkeitskrieg (1775–1783). Und dort waren die meisten von ihnen nicht freiwillig gelandet.

Dazu kam es so: Markgraf Karl Alexander (siehe Geheimnis 13) sah sich in seiner Amtszeit mit einem Schuldenberg von 2,4 Millionen Reichstalern konfrontiert. Deshalb schloss er 1776 mit Großbritannien einen sogenannten „Subsidienvertrag", das heißt er versprach Unterstützung bei der Kriegsführung. Dieser Vertrag sah vor, dass er den Engländern zwei Regimenter Infanterie, eine Jägerkompanie und eine Artillerieabteilung zur Verfügung stellte und dafür zwei Millionen Taler erhielt. Die Männer aus Bayreuth und Ansbach sollten in Nordamerika zum Einsatz kommen. Dort tobte der Unabhängigkeitskrieg, ein erbitterter Kampf Englands gegen seine 13 aufständischen Kolonien. Der Markgraf von Ansbach-Bayreuth war nicht der Einzige, der seine Lan-

Das Denkmal für Franz von Seybothen erinnert Ernst-Rüdiger Kettel nicht nur an den Obristen selbst, sondern auch an seine vielen Soldaten.

deskinder gegen Bares verlieh. Insgesamt sechs deutsche Fürsten über-ließen ihre Soldaten den Engländern. Das rief nicht nur die Gegenwehr der Untertanen, sondern auch die von Amts- und Würdenträgern her-vor. So hielt beispielsweise Friedrich der Große (1712–1786), zu diesem Zeitpunkt König von Preußen, rein gar nichts vom Gebaren seines Nef-fen Karl Alexander. In einem Brief an ihn schrieb er, wie befremdlich er es finde, dass deutsche Fürsten das Blut ihrer Landeskinder für fremde Interessen opferten. Doch es half nichts.

„Wer sich dem Befehl, für den Markgrafen und die Engländer nach Nordamerika als Kanonenfutter zu gehen, widersetzte, wurde kurzer-hand ‚standrechtlich vom Leben zum Tode‘ gebracht“, schreibt Gustav Schmidt in einer Abhandlung über die Bayreuther Markgrafen. Die Reise ins Ungewisse begann für die Soldaten aus Bayreuth und St. Geor-gen mit dem ersten Transport am 7. März 1777, „wobei man diese bru-tal von ihren Eltern, Bräuten, Frauen und Kindern riss und beide Seiten mit Stöcken schlug“, wie Schmidt eindrücklich schildert. Allein die See-reise nach New York dauerte 15 Wochen. „In den englischen Transport-schiffen wurden wir gedrückt, geschichtet und gepöckelt wie die Heringe“, schrieb Johann Gottfried Seume, der 1781 hessischen Wer-bern in die Hände gefallen war und mit den Truppen eingeschifft wurde, seine Erlebnisse auf. Um Platz zu sparen, habe es keine Hängematten, sondern nur Verschläge gegeben, in denen sechs Männer schlafen soll-ten. „Wenn vier darin lagen, waren sie voll und die beiden letzten muss-ten hineingezwängt werden“, geht der Erfahrungsbericht weiter. Nicht nur am Platz, sondern auch an der Verpflegung wurde gespart: „Heute Speck und Erbsen und morgen Erbsen und Speck; zuweilen Grütze und Graupen und zum Schmause Pudding, den wir aus muffigem Mehl halb mit Seewasser, halb mit süssem Wasser und altem Schöpsenfett machen mussten.“ Im steinharten Brot lebten die Maden und auch das Trink-wasser war „angefüllt mit fingerlangen Würmern, und es musste durch Tücher gefüllt werden, bevor man es trinken konnte“.

Dass die Soldaten aus Bayreuth und St. Georgen nach einer sol-chen Überfahrt den nach Unabhängigkeit strebenden Kolonisten tat-sächlich etwas entgegensetzen konnten, darf getrost bezweifelt wer-den. 1778 übernahm Franz von Seybothen das Kommando im Bayreuther Infanterieregiment, doch sein Einsatz brachte den Engländern nicht den erwünschten Sieg. Immer wieder schickte Markgraf Karl Alexander Männer über den Atlantik, weil sich die Reihen im Kampf gelichtet hatten und aufgefüllt werden mussten. Die Zahlen variieren, doch am Ende hatten wohl mehr als 2300 Mann aus Karl Alexanders Fürstentum in Nordamerika gekämpft. Wie der erbitterte Streit ausging, ist hinlänglich bekannt: Nachdem die Amerikaner am 4. Juli 1776 ihre Unabhängigkeit erklärt hatten, besiegten sie die Engländer 1781 und wählten 1789 George Washington (1732–1799) zum ersten Präsidenten der Vereinigten Staaten von Amerika.

Sieben Jahre lang waren die Bayreuther Söhne am Ende in einen Krieg involviert gewesen, der mit ihnen überhaupt nichts zu tun hatte – nur, um die Schuldenlöcher ihres Herrn zu stopfen. Lediglich 1379 von ihnen kehrten nach dem Frieden von Paris 1783, in dem Großbritannien die Unabhängigkeit der Vereinigten Staaten von Amerika anerkennen musste, in die Heimat zurück. Die meisten der Fortgebliebenen hatten ihr Leben auf den Schlachtfeldern gelassen. „Es gab aber auch etliche, die freiwillig zurückblieben und einen Neustart wagten", erklärt Ernst-Rüdiger Kettel. Vor allem im heutigen Bundesstaat Pennsylvania könne man die Spuren ehemaliger St. Georgener noch an vielen Orten finden.

Franz von Seybothen starb im Gegensatz zu vielen der Soldaten, die mit ihm über den Atlantik Richtung Amerika gefahren waren, erst am 19. März 1786 in Bayreuth und wurde auf dem Friedhof in St. Georgen begraben. Das war zwei Jahre, bevor Markgraf Alexander noch einmal von seinem lukrativen Verdienstmodell Gebrauch machte: 1788 verlieh er wieder Männer aus seinem Volk, dieses Mal an die Generalstaaten der Niederlande. 100.000 Gulden plus 200.000 Gulden Verpflegungskosten soll er für 1500 Mann kassiert haben, die im weit entfernten Java in Indonesien kämpfen mussten – wieder für eine Sache, die nicht die ihre war.

Heike Thissen

So geht's zum Seybothen-Denkmal:

Das Denkmal für Franz von Seybothen steht auf dem Friedhof in St. Georgen an einer Wegkreuzung hinter der Aussegnungshalle.

26

Fenster

Wo Nazis ihre Helden ehrten

D as vergitterte Fenster, das wie ein Lüftungsschacht wirkt, ist nicht sonderlich hübsch. Besser gesagt ist es, pardon, ziemlich hässlich. Und das Gebäude, in dem es sich befindet, ist auch nicht sonderlich einladend. Groß, unfreundlich und abweisend steht es da, ein dunkler Klotz, der irgendwie bedrohlich wirkt. Und die Wirkung täuscht nicht, handelte es sich bei dem Bau doch einst um ein „Propagandagebäude der NSDAP, in dem auch nationalsozialistisch gesinnte Lehrer ausgebildet wurden", wie der geschichtskundige Bayreuther Dr. Klaus Bayerlein erzählt. „Im Volksmund wurde es ‚Nazischeune' genannt und war eine kirchenähnliche Halle", erinnert sich Bayerlein. „Anstelle eines Altars stand hier eine riesige, steinerne deutsche Mutter mit vier Kindern. Und an den Seitenwänden waren unzählige Parteifahnen der NSDAP aufgereiht."

Und das, was sich hinter dem Fenster lange Zeit verbarg, war ein eher fragwürdiges Denkmal: Ein Raum, der eine altarähnliche Erinnerungsstätte für den Nationalsozialisten Hans Schemm (1891–1935) enthielt: Auf einem Podest lagen die Motortrümmer des Flugzeugs, mit dem er verunglückt war. „Dies zeigte uns bei einem Schulgang im Herbst 1944 Lehrer Wendler aus der Graserschule, bei dem ich die dritte Klasse besuchte", sagt Bayerlein. Das heute vergitterte Fenster war damals bunt verglast.

„Hans Schemm hat dieses Gebäude errichten lassen", erzählt Bayerlein. Er war 1925 Gauleiter der NSDAP im Untergau Oberfranken, später im Gau Bayerische Ostmark, das schließlich zum Gau Bayreuth wurde. Außerdem war er Reichsverwalter des Nationalsozialistischen Lehrerbunds (NSLB) und Bayerischer Kultusminister.

Schon 1923 war Schemm der NSDAP beigetreten. Als im November desselben Jahres der Hitlerputsch stattfand, kannte Schemm Adolf Hitler (1889–1945) bereits, er war ihm am 30. September 1923 erstmals begegnet. Ende Februar 1925 gründete Hans Schemm in Bayreuth die

Dr. Klaus Bayerlein weiß, was sich hinter diesem Fenster einst verbarg.

NSDAP-Ortsgruppe und noch im gleichen Jahr rief er den Gau Oberfranken der NSDAP ins Leben. Schemm galt als antidemokratisch, antikommunistisch und antisemitisch, er wollte, den Quellen zufolge, „an unseren Feinden (...) Rache nehmen und zwar blutige Rache", er wünschte, dass „an jedem Laternenpfahl ein Jude baumeln solle" und er soll gesagt haben: „Wir sind nicht objektiv. Wir sind deutsch." Seine Ansichten konnte er in immer größeren Kreisen bekanntgeben, wurde Hans Schemm doch SA-Gruppenführer und im Jahre 1928 Mitglied des Bayerischen Landtags, aus dem er allerdings 1932 wieder ausschied. Aber im April 1933 berief Hitler ihn zum „Leiter der kulturellen und erzieherischen Angelegenheiten Bayerns". Bis zu seinem Tod blieb Schemm Kultusminister.

Heute wirkt das Fenster eher wie ein Schacht.

Der gebürtige Bayreuther war ein emsiger Mann und pushte seine örtliche NSDAP für einen engagierten Wahlkampf. Bei den Stadtratswahlen 1929 holten sich die Nationalsozialisten neun Mandate, Chef der braunen Stadträte wurde Schemm selbst. Ein Jahr später, 1930, zog er dann auch noch in den Reichstag ein. 1929 rief Hans Schemm den Nationalsozialistischen Lehrerbund (NSLB) ins Leben und stand ihm vor. Übrigens bediente er sich als ausgebildeter evangelischer Religionslehrer bei seinen Parteireden gerne populärer Kirchenlieder oder schloss sie sogar mit einem Gebet ab, wie Bayerlein erzählt.

Der NSLB war in dem Gebäude untergebracht, in dem später die Seitenkapelle für Schemm errichtet wurde. Innerhalb dieses Lehrerbundes bildete sich die Arbeitsgemeinschaft evangelischer Geistlicher mit nationalsozialistischer Gesinnung, ab Mitte 1931 nannte sie sich „Nationalsozialistischer Evangelischer Pfarrerbund". Durch den „Bruderrat" und die „Bekennende Kirche" erstand diesem NS-Pfarrerbund 1934 übrigens ein Widerpart, dessen Mitglieder von den Nazis verfolgt wurden. Schemm wusste, wie man sich Gehör verschafft. Er tat dies zum Beispiel über das wohl effektivste Mittel überhaupt: Zeitungen, die er leitete und später auch selbst gründete – unter anderem ab dem 1. Oktober 1932 die Tageszeitung „Das Fränkische Volk" (Auflage 10.000 Stück).

Hans Schemm erlag am 5. März 1935 seinen Verletzungen, die er sich bei einem Flugzeugabsturz zugezogen hatte. Schon beim Start war das Flugzeug am Flugplatz Bayreuth abgestürzt. Der Grund: ein Pilotenfehler.

Das schmale Fenster erinnert noch heute an dieses dunkle Kapitel deutscher Geschichte. Dass es in einem derart düsteren Haus sitzt, ist dabei durchaus passend.

Eva-Maria Bast

So geht's zum Fenster:

Das Gebäude steht an der Ecke Luitpoldplatz / Kanalstraße.
Das Fenster befindet sich nahe der südwestlichen Ecke auf der Seite,
die in Richtung Innenstadt zeigt.

27

Gedenkstein im Wald

Markgraf Christian Ernst zum Dank

N ur wenige Meter entfernt rasen Autos um die Kurve. Doch hier, in diesem Wäldchen, in dem das Sonnenlicht durch die Zweige fällt und bewegliche Muster auf den weichen Boden malt, ist es still. Ein magischer, verwunschener Ort, der noch geheimnisvoller wird, wenn man den riesigen Stein entdeckt, der über und über mit Moos bewachsen ist und in den jemand mit viel Mühe einen langen Text gemeißelt hat.

Das Moos, das über den Stein gewachsen ist, verbietet die Lektüre der lang schon verwitterten Schrift. Doch das Bayreuther Urgestein Dr. Klaus Bayerlein braucht die Inschrift nicht zu lesen, um zu wissen, was der Stein für eine Bedeutung hat. „Die Hugenotten haben hier einen Dank an Markgraf Christian Ernst eingeschlagen", erzählt er.

„Die Hugenotten haben hier einen Dank an Markgraf Christian Ernst eingeschlagen."

Als Hugenotten wurden die Anhänger Calvins im vorrevolutionären Frankreich bezeichnet, häufig gehörten Persönlichkeiten des hohen Adels diesem reformierten Glaubensbekenntnis an. Die französische Krone sah das gar nicht gern, wünschte sie doch keinerlei Abweichungen vom katholischen Glauben. Die Folge waren die blutigen Hugenottenkriege im 16. Jahrhundert. „In mehreren Friedensschlüssen und Verträgen musste die Krone Zugeständnisse machen, sodass die Hugenotten eigene staatliche Strukturen aufbauen konnten", ist im Brockhaus Geschichte zu lesen. Doch dann hob der französische König Ludwig XIV. (1638–1715) im Jahre 1685 das Edikt von Nantes auf und damit begann für die Hugenotten erneut eine schlimme Zeit. Ihren Glauben konnten sie in Frankreich eigentlich nur noch im Verborgenen ausüben, zwischen 200.000 und 250.000 ergriffen die Flucht.

Was das alles mit Bayreuth und Markgraf Christian Ernst (1644–1712) zu tun hat? Nun, die Hugenotten flohen auch hierher. Und der

Dr. Klaus Bayerlein stellt fest: Die Inschrift kann man aufgrund der Verwitterung und des Moosbewuchses kaum noch entziffern.

Markgraf nahm sie auf. Gerne sogar und mit offenen Armen. Waren die Einwanderer doch fleißige Handwerker und brachten Wirtschaftskraft nach Bayreuth, Potsdam und in andere deutsche Landesherrschaften.

Während also die Wirtschaft in Frankreich unter der Fluchtwelle litt und viele Betriebe brachlagen, kamen ab 1686 Flüchtlinge in Bayreuth an und der Markgraf unterstützte sie, wo er nur konnte. „Im Bayreuther Unterland, dem heute so genannten Aischgrund, ließ er ‚Christian Erlang‘, die heutige Stadt Erlangen als Planstadt errichten", erzählt Bayerlein. „Das Bayreuther Unterland war Teil der Markgrafschaft, westlich des Jura gelegen." Die Hugenotten bekamen Vorschüsse, um Manufakturen und Handwerksbetriebe aufbauen zu können, sie erhielten Nahrung und Baustoffe und wurden für fünf bis zehn Jahre von Steuer und Zoll befreit. Doch bevor im Frühjahr 1686 die Planstadt errichtet wurde, mussten die Flüchtlinge irgendwo unterkommen. Die Einwohner standen den französischen Protestanten zwar

Verwunschen: der moosbewachsene Riesenstein.

nicht feindlich gegenüber, waren aber nicht unbedingt begeistert von den Lasten, die sie ihretwegen zu tragen hatten. Während der Gründungszeit der Kolonien mussten sie Material zur Baustelle transportieren, was für manche gerade zur Erntezeit hart war. Und anfangs wurden die Franzosen auch in den Häusern der Einheimischen einquartiert. Die Bauern schlugen vor, dass die Flüchtlinge auch an Orten untergebracht werden sollten, wo „bis dato noch kein mann logiret worden" ist. „(...) dießes kleine städtlein" habe dagegen „den schwall" allein zu bewältigen, beklagen die Einwohner. Und weil kein Platz in der Stadt sei, könnten auch keine Geschäftsreisenden mehr Unterkunft finden. Was „für unßere nahrung und wirthschafft ein großer mercklicher schade und abgang" bedeute. „Der Markgraf bemühte sich, dem nachzukommen und dafür zu sorgen, dass die Belastung für seine Untertanen nicht zu groß war", sagt Bayerlein.

„... für unßere nahrung und wirthschafft ein großer mercklicher schade und abgang ..."

Warum die Hugenotten ausgerechnet im Wald bei Eckersdorf einen Dankesstein errichteten? „Ich nehme an, der Markgraf ist hier oft entlanggeritten", sagt Bayerlein. „Denn das war die Strecke vom Regierungssitz zum Bayreuther Unterland."

Eva-Maria Bast

So geht's zum Gedenkstein:

Der Riesenstein befindet sich im Wald neben der Bundesstraße in Richtung Eckersdorf etwa auf Höhe der großen Biegung kurz vor Eckersdorf. Waldwege führen zu dem gewaltigen Brocken.

28

Mauersteine

Flinke Turner, wackere Feuerwehrmänner

Hier wurde offensichtlich nachträglich gemauert! Und zwar ein großes Stück: Wer vor dem Historischen Museum steht und genau hinsieht, kann es deutlich erkennen. Die Steine des unteren Gebäudeteils scheinen aus einer späteren Zeit zu stammen als die der Obergeschosse. Der Grund dafür ist die Feuerwehr. Aber nicht dahingehend, dass sie etwa einen Brand zu spät gelöscht hätte und das Gemäuer deshalb wiederaufgebaut werden musste. Nein: „In diesem Gebäude war die Freiwillige Feuerwehr einst untergebracht", erklärt der geschichtskundige Feuerwehrmann Joachim Schmidt. „Dort, wo heute neu aufgemauert ist, befanden sich die Ausfahrten für die Feuerwehrautos. Und als die Feuerwehr auszog, wurden die Einfahrten durch das jüngere Mauerwerk ersetzt."

Die Bayreuther Feuerwehr hat sich gewissermaßen ein geschichtsträchtiges Jahr für ihre Anfänge ausgesucht. Denn am 13. Januar 1861, elf Tage, nachdem der spätere Kaiser Wilhelm I. (1797–1888) den preußischen Thron bestiegen hatte, trafen sich zehn sportbegeisterte Bayreuther, um einen Turnverein zu gründen. Das war ein Ansinnen ganz nach dem Geschmack des Magistrats: Als der provisorische Turnrat seinen Wunsch an ihn herantrug, erteilte er die Genehmigung „mit besonderem Vergnügen" und tat den Wunsch kund, dass dieses „nützliche Institut sich bald erweitern möge". Schon damals, meint Joachim Schmidt, hätten die Stadtoberhäupter im Sinn gehabt, dass sich aus den sportbegeisterten jungen Männern eine tüchtige Feuerwehr zusammenstellen ließe. Exakt vier Monate nach der Gründung erhielten die Turner dann auch schon ein Schreiben des Magistrats, in dem stand: „(...) wir wünschen aufrichtig, daß der edle Zweck des Turnens immer mehr anerkannt und wirklich erreicht wird, und daß dies dem Verein bald gelingen werde, gleichwie es von Turnvereinen anderer Städte geschehen ist, die hiesige Feuerwehr durch eine Feuerwehr aus Turnern zu vermehren." Bis dato hatte es nämlich nur sogenannte

Joachim Schmidt ist froh, dass er sein Feuerwehrauto nicht mehr aus der einst so engen Ausfahrt des heutigen Historischen Museums lenken muss.

„Löschdienstpflichtige" gegeben und die, sagt Joachim Schmidt, kamen ihrer Aufgabe eher widerwillig nach.

Im März 1835 hatte der Magistrat eine „Instruktion für Feuer-Rettungsgesellschaft" beschlossen. „In diese Rettungs-Compagnie wurden unter anderem sämtliche Schreinermeister mit ihren Gesellen, sämtliche Auf- und Ablader, sämtliche Müller mit ihren bespannten Mühlwagen, alle Glaser und Schlossermeister verpflichtet", heißt es im Jubiläumsheft der Bayreuther Feuerwehr. Wie ungern die „Rettungs-Compagnie" ihren Dienst tat, wurde auch deutlich, als es 1858 im militärischen Krankenhaus von St. Georgen brannte und „obwohl dieser Brand durch Zusammenläuten der Glocken auf den Thürmen zu St. Georgen zur Kenntniß der dortigen Einwohner gebracht worden war, doch nur Einzelne, äußerst wenige Personen sich angeschickt haben, zur Löschung des Brandes beizutragen und daß viele Personen zur Beischaffung von Feuerlöschrequisiten aufgefordert, dies zu thun sich geweigert und unter ungeeigneten Äußerungen sich in ihre Wohnungen zurückbegeben haben."

Anders als die Mitglieder der Rettungs-Compagnie waren die Turner jedenfalls recht angetan von der Idee, eine Feuerwehr zu bilden. „Sie sahen es wohl als Herausforderung, die Häuser hoch- und runterzuklettern", meint Joachim Schmidt. Am 20. Juni 1861 erfreute Georg Hoffmann, Gründer und erster Vorsitzender des Turnvereins, den Magistrat mit der Meldung, dass man sich entschlossen habe, eine Freiwillige Feuerwehr zu gründen. Rund 100 Freiwillige stünden bereit. Fortan übten die Turner regelmäßig und ein Journalist des Bayreuther Tagblatts begeisterte sich: „Es ist

Die neueren Steine im unteren Bereich des Gebäudes künden von seiner Geschichte.

eine wahre Freude, diese muntere Schar jugendlicher Turner mit keckem Muth und Selbstvertrauen das abschüssige Dach, den hohen Giebel und alle Fenster des für die Übungen ausersehenen Gebäudes mit seltener Geschwindigkeit ersteigen und ihre Lösch- und Rettungsapparate überallhin tragen und befestigen zu sehen." Der Schreiber vermutete, dass „jeder Einwohner unserer Stadt" nun „ruhiger zu Bette" geht. In einem weiteren Artikel bat das Tagblatt die Turner „um Verzeihung, wenn wir ihnen zumuten, bisweilen auch noch die Ruhe der Nacht dem allgemeinen Wohle der Einwohnerschaft zu opfern". Die Turner, erklärt Joachim Schmidt, hielten nämlich auch noch Nachtwache. 75 Jahre lang hieß der Verein „Turnverein und Freiwillige Turnerfeuerwehr von 1861", erst 1935 wurde er offiziell in Freiwillige Feuerwehr umbenannt.

Die Feuerwehrler wünschten sich ein eigenes Haus. Und sie wussten ihre Chance zu nutzen, als die in der einstigen Lateinschule (heute Historisches Museum) beheimatete Mädchenschule in das neue Zentralschulhaus, die heutige Graserschule, umzog. Im Herbst 1875 stellte die Turnerfeuerwehr einen Antrag auf Umbau des Gebäudes in ein „Central-Feuerwehrhaus", der auch gleich genehmigt wurde. Am 6. November 1876 zogen sie ein, bis November 1988 war es ihr Platz.

„Dann wurde es zu klein und wir mussten umziehen", sagt Joachim Schmidt. Und so schön er das Gebäude, in das im Jahre 1996 das Historische Museum einzog, findet, so ist er doch froh, dass er seine Feuerwehrautos nicht mehr durch die engen Ausfahrten hindurchmanövrieren muss.

Eva-Maria Bast

So geht's zu den Mauersteinen:

Das einstige Feuerwehrhaus ist heute das Historische Museum. Es steht am Kirchplatz 6. Die neueren Steine sind im unteren Teil des Hauses deutlich zu erkennen.

29

Altes Firmengebäude

Bayreuth als Nabel der Foto-Welt

Es ist nur ein unbeachtetes Gebäude in einem Hinterhof im Bayreuther Stadtteil St. Georgen. Doch für Bernd Arnal, Experte für die Geschichte und die Produkte der Bayreuther Firmen Steiner und Franka, ist es ein Ort von größtem Interesse. „Hier hat die Firma Steiner-Optik, die heute ein Aushängeschild der Wirtschaft in Nordbayern ist, ab 1949 Linsen für Fotogeräte hergestellt", erklärt er. Nach einem international erfolgreichen Unternehmen sieht die ehemalige Produktionsstätte aber gar nicht aus! „Natürlich hat auch Steiner einmal klein angefangen", sagt Arnal. In diesem Fall richtig klein: Die ersten Linsen für Kameras fertigte Firmengründer Karl Steiner 1947 auf gerade einmal 25 Quadratmetern in der nahe gelegenen Inselstraße 17. Später bezog er – nun zusammen mit etlichen Angestellten – 70 Quadratmeter in dem unscheinbaren Gebäude in der Egerländer Straße 3.

„Karl Steiner hatte bei der Firma Zeiss in Jena gelernt und sich später in Bayreuth selbstständig gemacht", berichtet Arnal über die Erfolgsgeschichte. In der Inselstraße 17 begann er unter einfachsten Bedingungen unter anderem Linsen für Kameras herzustellen. Weil die Auftragslage so gut war und er immer mehr Mitarbeiter benötigte, vergrößerte der Inhaber nicht nur seine Firma, sondern auch seine Produktionsräume ständig: Von der Inselstraße ging es in die Egerländer Straße, von dort nach Bindlach in die St.-Georgen-Straße. „Trotz des Erfolgs und des Wachstums ging es im Unternehmen wohl eher familiär zu", hat

> *„Trotz des Erfolgs und des Wachstums ging es im Unternehmen wohl eher familiär zu."*

Arnal in vielen Gesprächen mit ehemaligen Mitarbeitern erfahren. Während die Firma sich heute auf Ferngläser spezialisiert hat, lieferten damals Steiner und seine Mitarbeiter die Objektive, dank derer sich hervorragende Fotokameras von guten unterschieden. „Davon profi-

---

Bernd Arnal steht an der Tür, durch die die Mitarbeiter des Objektiv-Herstellers Steiner einst zur Arbeit gingen.

tierte eine andere Bayreuther Firma, nämlich das Franka Kamera-Werk", leitet Bernd Arnal über zu einer zweiten oberfränkischen Erfolgsgeschichte aus der Welt der Linsen und Kameras.

Die Eheleute Vyskocil hatten das Kamerawerk ursprünglich als „Fabrikation photographischer Apparate" 1909 in St. Georgen gegründet und zwar in genau jenem Haus in der Inselstraße 17, in dem später auch die Firma Steiner für einige Jahre produzieren sollte. „Das ist wirklich kurios, dass beide Firmen zufällig im selben Gebäude ansässig waren – wenn auch nicht zeitgleich, sondern hintereinander", findet Bernd Arnal. Mit auffälligen Werbeanzeigen in einer Fachzeitschrift machte das junge Unternehmen schon bald auf sich aufmerksam: „Händler! Grossisten! Exporteure! Massenfabrikation erstklass. Klappkameras in gangbaren Größen zu beispiellosen Preisen und höchsten Rabatten. Verlangen Sie sofort Preisliste und Ansichtssendung." Trotz der vollmundigen Ankündigung hatte das Unternehmen Startschwierigkeiten, musste sich in den kommenden Jahren mehrmals auflösen und änderte seinen Namen. Doch als ab Juli 1915 der Buchhalter Wolfgang Hirschmann in das Unternehmen, das inzwischen „Franka-Kamerawerk" hieß, eintrat, nahm die Erfolgsgeschichte ihren Lauf. Produktion und Mitarbeiterzahl stiegen in den kommenden vier Jahren derart, dass die Firma in die Innenstadt umzog. Das stattliche Gebäude an der Ecke Dammallee/Jahnstraße zeugt noch heute von guter Auftragslage und großer Produktion. „Man kann durchaus sagen, dass die Franka-Kameras aus Bayreuth den Slogan ‚Made in Germany' in der ganzen Welt würdig vertraten", fasst Bernd Arnal zusammen. Franka habe solch einen Aufstieg nur deswegen hinlegen können, weil die Arbeitswelt damals noch eine sehr menschliche Komponente gehabt habe. „Das berührt mich stark, weil es veranschaulicht, wie aus menschlicher Zuwendung und Zusammenhalt Leistung entstehen und erhalten werden kann", sagt er rückblickend. Vor allem zwei Anekdoten seien ihm von seinen Treffen mit ehemaligen Mitarbeitern in Erinnerung geblieben: So stellte Mitinhaber Hans Hirschmann, Bruder von Wolfgang Hirschmann, seinen Angestellten Mitte der 1950er-Jahre nicht nur den Firmenbus für Privatzwecke zur Verfügung, sondern gab ihnen auch Benzingeld und Taschengeld mit auf den Weg. „Und als das Franka-Werk eine Lautsprecheranlage erhielt, klangen jeden Tag von 16.15 Uhr bis 16.45 Uhr ältere und aktuelle Schlager aus den Lautsprechern. Hirschmann persönlich stand am Schallplattenspieler und die Belegschaft sang aus Leibeskräften mit", gibt Arnal die Erzählungen der Ehemaligen wieder.

So gesellig und erfolgreich ging es fürs Franka-Kamerawerk noch einige Jahre weiter. Die Mitarbeiterzahlen kletterten von 24 im Jahr 1946 auf 154 im Jahr 1958. Doch die Konkurrenz schlief nicht. „Japan drängte seit Ende der 50er-Jahre verstärkt auf den Weltmarkt, was das stark exportorientierte Bayreuther Franka-Werk besonders traf", hat Bernd Arnal herausgefunden. 1962 übernahm Henry Wirgin aus Wiesbaden das Unternehmen und verwaltete das Bayreuther Werk von seiner Heimatstadt aus. Das ging nicht lange gut: Die Produkte wurden immer weniger nachgefragt, das Bayreuther Werk warf immer weniger Profit ab. Bereits 1966 kam die Produktion zum Erliegen, im September 1967 gingen beim Franka-Kamerawerk endgültig die Lichter aus.

Nichts an dem Gebäude erinnert heute noch an seine Vergangenheit.

Während die Firma Steiner-Optik noch heute ein Beispiel dafür ist, wie Mut, Zielstrebigkeit, gute Ideen und umsichtige Mitarbeiterführung aus einem Kleinstbetrieb einen Global Player machen können, ist die Geschichte des Franka-Kamerawerks ein Beweis dafür, dass diese Attribute nicht unbedingt für jahrzehntelangen Erfolg ausreichen. Denn ohne kontinuierliche Nachfrage nach dem Produkt muss selbst der zuverlässigste Hersteller irgendwann seine Arbeit einstellen.

Heike Thissen

So geht's zum alten Firmengebäude:

Das Gebäude, in dem die Firma Steiner Linsen für Kameras produzierte, steht in der Egerländer Straße 3.

Das zersplitterte Fenster. Unmittelbar daneben
befindet sich der ausgewechselte Stein.

30
Zersplittertes Fenster
Eine gar wundersame Rettung

In dem hohen Kirchenfenster auf der Südseite des Chores der Stadtkirche gibt es eine Stelle, an der das Glas so wirkt, als sei es gesprungen. Genau daneben sitzt ein etwas hellerer Stein im Gemäuer. Das Fenster ist nicht wirklich gesprungen, sondern „der Sprung wurde von einer Künstlerin nachgebildet", erklärt Stadtpfarrer Hans-Helmut Bayer. Er soll daran erinnern, dass dieses Fenster anno 1634 an genau dieser Stelle wirklich gesprungen war. „Draußen standen die Kaiserlichen und schossen auf die Stadt, die Leute rannten und suchten Schutz in der Kirche", erzählt Bayer. Eine Kugel traf eben jenes Fenster, das heute als zersprungenes Glas dargestellt ist. Da war es gerade 20 Jahre her, dass die 1605 abgebrannte Kirche wiederaufgebaut und zum Ersten Advent eingeweiht worden war.

„Die Kirche war voller Menschen, als die Kugel einschlug, aber keinem ist was passiert."

„Die Kirche war also voller Menschen, als die Kugel einschlug, aber keinem ist was passiert", sagt Hans-Helmut Bayer. „Die Menschen sahen es als ein Bewahrungswunder." Was die Legende draus machte: Die Kugel soll auf eine Frau und ihre Kinder zugeflogen sein, habe dann aber kehrtgemacht und sei zum Einschussloch durchs Fenster wieder hinausgeflogen. Tatsächlich „lag die Kugel wahrscheinlich, ohne Schaden angerichtet zu haben, in der Kirche auf dem Boden", sagt Bayer.

Dass die Bevölkerung vor dem angreifenden Feind in die Kirche floh, kam nicht von ungefähr – hatten die Bayreuther doch bittere Erfahrungen mit ihren Angreifern gemacht. Zwar war die Stadt in der ersten Hälfte des Dreißigjährigen Krieges (1618–1648) verschont geblieben, aber als die Schweden 1630 gen Süddeutschland marschierten, musste Markgraf Christian von Brandenburg-Bayreuth (1581–1655) sich entscheiden: Sollte er nun als Reichsfürst dem katholischen Kaiser folgen oder als Lutheranhänger die Protestanten unterstützen? Die Entscheidung fiel zugunsten der protestantischen Schweden und damit war klar: Die Bayreuther waren für die Kaiserlichen Feinde. „Die Stadt sollte dies in den nächsten drei Jahren in äußerster Härte zu spüren bekommen", schreibt Karl Müssel in seinem Bayreuth-Geschichtsbuch. Um Hilfe seitens der Schweden bat der Markgraf vergeblich und die Stadt blieb „schutzlos den feindlichen Truppen ausgeliefert", berichtet Müssel. Zwei Jahre bevor die Kugel in die Bayreuther Stadtkirche flog, am 20. September 1632, marschierten Oberst Caretto Marchese de Granas' Truppen brandschatzend und plündernd nach Bayreuth ein und nahmen 23 Geiseln. Ein Jahr später fielen die Kaiserlichen erneut ein und dann folgte das schlimme Jahr 1634, in dem die Stadt beschossen wurde. Doch nicht nur die Kaiserlichen, auch die Pest suchte Bayreuth heim, knapp 2000 Menschen starben am „Schwarzen Tod" oder flohen aus der Stadt. Dem Prager Frieden (1635) schloss sich auch Markgraf Christian an, und der Kaiser stellte der Stadt einen Schutzbrief aus, der ihren Bewohnern Sicherheit vor den kaiserlichen Truppen gab. Dem Frieden nutzte das allerdings nicht viel, denn jetzt waren die Schweden und die Franzosen quasi Feinde, es kam erneut zu Durchmärschen und Einquartierungen. Erst mit dem Westfälischen Frieden von 1648 konnten die Bayreuther wieder einigermaßen aufatmen.

Und was hat es nun mit dem neueren Stein auf sich, der an der Stadtkirche neben dem „zersplitterten" Fenster in die Wand eingelassen ist? „In den sechziger Jahren hat man das Fenster machen lassen", sagt Hans-Helmut Bayer. „Und der damalige Dekan hat sich über die Legende von der umkehrenden Kanonenkugel so geärgert, dass er dem abergläubischen Zeug entgegenwirken wollte und das kaputte Stück Mauer durch ein neues ersetzte."

Hans-Helmut Bayer findet das schade, denn: „An diesem zerborstenen Stein hätte sich ein Stück Stadtgeschichte abbilden lassen."

Eva-Maria Bast

So geht's zum zersplitterten Fenster:

Die Kugel drang in das erste Fenster des Chores auf der Südseite in die Kirche ein (rechts, dritte Scheibe von unten). Das ersetzte Stück Mauerwerk befindet sich unmittelbar daneben. Die Stadtkirche steht am Kirchplatz.

Markgraf Christian Ernst ließ sich als stolzer Sieger über die Türken darstellen.

Reiterstatue

Markgraf mit Pferd im Kriegsgetümmel

E r sieht schon schneidig aus, dieser Markgraf Christian Ernst (1644–1712), wie er da mit stolzgeschwellter Brust und prunkvoller Rüstung hoch zu Ross sitzt! Weniger imponierend ist, womit er gerade beschäftigt ist: Sein Pferd tritt einem Mann, der einen Turban trägt, auf den Kopf. Am Boden liegend versucht dieser verzweifelt, mit den Händen den anderen Vorderhuf von sich wegzudrücken. So wollte der Markgraf also, dass man sich an ihn erinnert: als aktiven und vor allem siegreichen Teilnehmer an den Türkenkriegen (1529–1683). Doch an dieses Bild will Ute Domeyer nicht so recht glauben. „Es stimmt schon, dass er vor Wien 1683 gegen das Osmanische Reich gekämpft hat. Aber vermutlich hat er sich nicht mitten ins Kriegsgetümmel gestürzt", erklärt die Gästeführerin. Viel wahrscheinlicher sei, dass der Markgraf dem Kriegsgeschehen aus der Ferne beigewohnt habe, auf einer Sänfte liegend, und nur durch ein Fernrohr Details des Kampfes zu sehen bekam.

Das Pferd tritt den Türken mit seinen Hufen.

„Damals hatte man Angst, dass der Islam Europa überrennt", fasst Ute Domeyer die Situation zu Christian Ernsts Lebzeiten zusammen. Bei der zweiten Türkenbelagerung Wiens versuchte das Osmanische Reich vom 14. Juli bis 12. September 1683 erfolglos, die Residenzstadt des römisch-deutschen Kaisers Leopold I. (1640–1705) einzunehmen und das Tor nach Europa aufzustoßen. Damit waren sie bereits 1529 und 1663/64 gescheitert. Trotzdem hielt die Angst vor den Türken Europa in Atem. Grund genug für Christian Ernst, mit seinen Soldaten von Bayreuth ins 500 Kilometer entfernte Wien zu reiten und dort auf Seiten der Christen gegen die Muslime zu kämpfen. Allem Vernehmen nach erfolgreich: „Im Jahre 1683 half er das von den Türken belagerte Wien entsetzen, wobei er mit eigener Hand einen türkischen Roßschweif eroberte", ist im Bayreuther Markgrafen-Büchlein zu lesen. Der Schweif soll sogar vom Pferd des Großwesirs gestammt haben! Der Markgraf kehrte nicht nur mit reicher Beute zurück ins Fränkische, sondern auch mit dem Titel des Kaiserlichen Generals der Kavallerie. Den hatte ihm der Kaiser aus Dankbarkeit für seine Unterstützung verliehen.

Wieder in Bayreuth, beauftragte er den Steinmetz Elias Räntz (1649–1732) mit dem Standbild und dem dazugehörenden Brunnen. Sechs Jahre – von 1699 bis 1705 – arbeitete der Handwerker daran, den Fürsten ins rechte Licht zu rücken. „Er stellte Christian Ernst als kaiserlichen Feldmarschall mit Marschallstab dar und platzierte neben ihm seinen Kammerzwerg", erläutert Ute Domeyer das Standbild. Der Zwerg (siehe Geheimnis 40) trägt ein Banner: „Pietas ad omnia

> *„Die Frömmigkeit taugt zu vielem, auch dazu, anderen Menschen Leid zuzufügen."*

utilis" – Die Frömmigkeit ist zu allem nütze. Eigentlich bezieht sich das auf den Sieg des Christentums über den Islam. „Ich verstehe diesen Spruch eher sarkastisch: Die Frömmigkeit taugt zu vielem, auch dazu, anderen Menschen Leid zuzufügen", widerspricht die Bayreutherin.

Die brutale Szene mit dem Pferdehuf auf dem Kopf des Türken hat übrigens nicht nur die Funktion, den Triumph über die damaligen Feinde zu symbolisieren. Der verzweifelte Mann auf dem Boden sorgt auch dafür, dass Christian Ernst nicht stürzt! Zusammen mit dem Kammerzwerg auf der anderen Seite stützt der Türke die Statik der Hauptfigur. Ohne ihn wäre der Markgraf schon längst von seinem hohen Ross gefallen.

Heike Thissen

So geht's zur Reiterstatue:

Die Reiterstatue von Christian Ernst steht auf dem Markgrafenbrunnen vor dem Neuen Schloss in der Ludwigstraße.

*Der kleine Mann (links) ist offenbar
sauer auf den Bärtigen (rechts).*

32
Geohrfeigter Bub

Eine Watsch'n und zwei Brände

E r ist immer noch sauer, der kleine steinerne Mann, der an
der nördlichen Ecke des Südturms der Stadtkirche in luftigen Höhen hockt. Vorwurfsvoll zeigt er auf jenen, dem
sein Ärger gilt und dessen Konterfei sich ihm gegenüber
in der anderen Ecke des Südturms befindet. Mit der anderen Hand
hält sich der Kleine die Wange – und auf die soll die Hand seines
Meisters – das ist der Herr, der ihm gegenüber am Gemäuer ange-

bracht ist – im 15. Jahrhundert herabgesaust sein. „Man erzählt sich, dass das ein Lehrjunge ist, der entweder unverschämt war oder eine Aufgabe nicht schnell genug ausführen konnte, sodass er eine Ohrfeige von seinem Meister erhielt", erzählt der profunde Kenner der Stadtgeschichte Wilfried Engelbrecht. Durch die Ohrfeige sei der Kleine gar gestorben, vermutlich weil sie so stark war, dass sie ihn durch ihre Wucht zu Fall brachte und er

„Man erzählt sich, dass das ein Lehrjunge ist, der entweder unverschämt war oder eine Aufgabe nicht schnell genug ausführen konnte, sodass er eine Ohrfeige von seinem Meister erhielt."

sich den Kopf stieß. „Der Meister war Baumeister Oswald aus Bamberg, der Erbauer der Stadtkirche", erzählt Engelbrecht. „Man geht davon aus, dass die Vorgängerkirche schon 1194 geweiht wurde und dass die Stadt Bayreuth dieser sakralen Handlung ihre Erstnennung verdankt." 1430 wurde die Kirche durch die Hussiten zerstört und neun Jahre unter der Leitung von Meister Oswald wiederaufgebaut. „Diese neue Kirche ist etwa dreimal so groß wie der Vorgängerbau", erzählt Engelbrecht. Vielleicht stand der Baumeister durch das große Vorhaben unter Druck und hat den Knaben deshalb geohrfeigt. Und so dramatisch der Tod desselben war, so tragisch ging es weiter: 1603 verlegte Markgraf Christian (1581–1655) die Residenz der hohenzollernschen Markgrafen von Kulmbach nach Bayreuth. Das Gotteshaus wurde Hauptkirche des Fürstentums Brandenburg-Bayreuth. „Doch schon zwei Jahre nach Erhebung Bayreuths zur Residenz brannte die Kirche nieder", berichtet Wilfried Engelbrecht. „Das Feuer brach am 21. März 1605 abends bei einem Metzger in der heutigen Sophienstraße aus, die damals Breite Gasse hieß." Erst ein Jahr zuvor hätten Gutachter der Stadtverwaltung die offenen Feuerstätten auf Sicherheit überprüft und festgestellt, dass im Hof des besagten Metzgers ein Kessel feuergefährlich errichtet worden war. „Sie haben befohlen, diesen Missstand abzuschaffen, aber der Metzger hat sich einen Dreck drum geschert", sagt der Bayreuth-Kenner. Die Bürger hätten damals in der Stadtkirche Schutz vor den Flammen gesucht. „Aber dummerweise war die Stadtkirche zu der Zeit nicht mit einem Gewölbe ausgestattet, sondern mit einer Holzbalkendecke." Durch einen Funkenflug fing die Kirche Feuer. Wie viele Menschen in dem Gotteshaus ihr Leben ließen, sei unbekannt. „Die Stadt war fast vollständig zerstört."

Sechs Jahre brauchte man, um sich von dem Schrecken zu erholen, 1611 begann dann der Wiederaufbau im gotischen Stil unter Baumeister Michael Mebart, der bis 1614 dauerte. Doch schon im Juni 1621 stürzten die Türme bei einem erneuten Brand ein. Wie es dazu kam? „Da gibt es das Gerücht", sagt Engelbrecht, „dass Soldaten die Stadt an allen vier Ecken angezündet hätten, das war ja im Dreißigjährigen Krieg." Tatsächlich jedoch sei der Brand bei „Hans Georg Pirner, Rotschopf genannt, nicht weit vom Spital", entstanden, dann ging – während dieses Feuer schon bekämpft wurde – „bei Hans Köppel, nahe beim Rathaus, das zweite Feuer auf."

Der geohrfeigte Bub.

„Über die zweckmäßigste Instandsetzung des Nordturms entstand unter den Bauexperten ein so heftiger Streit, dass erst 1666, über 40 Jahre nach dem Brand, mit seinem Wiederaufbau begonnen wurde", sagt Engelbrecht. „Erst 1668 wurden die vergoldeten Turmknöpfe aufgesteckt und der Kirchenbau erhielt seine heutige Gestalt."

Wer hätte damals geahnt, dass der Brand von 1621 Jahrhunderte später seinen Tribut fordern würde? „Bei diesem Feuer stürzte die Decke zwar nicht ein", sagt Stadtpfarrer Hans-Helmut Bayer, „aber das Dach brannte ab und der Schutt fiel in die Zwickel des Gewölbes. Dann schwelte das wochenlang und hat die obere Mauerkrone ausgeglüht." An einem schönen Morgen im Jahr 2006 fand Hans-Helmut Bayer einen Stein auf dem Boden der Stadtkirche. „Ich wollte ihn erst wegräumen, aber dann habe ich doch das Bauamt angerufen, die haben die Kirche untersucht und es stellte sich heraus, wie baufällig sie ist. Auch durch den Brand und die jahrhundertelange Belastung durch die Gewölbedecke." Der Stein war von oben herabgestürzt. Achteinhalb Jahre dauerte die Sanierung und kostete 13 Millionen Euro. Im Advent 2014 wird die Kirche wieder eingeweiht. Bayer wird bald danach in Ruhestand gehen. „In den vierzehn Jahren, die ich dann hier Pfarrer war, war ich leider die längste Zeit mehr Bauherr und Fundraiser", schmunzelt er.

Der geohrfeigte Lehrbub hat – wenn schon nicht in lebender Form den Bau der Stadtkirche – so doch in steinerer Form alle Brände erfolgreich überstanden. Und der von ihm angeklagte Meister – ebenfalls in steinerner Form – auch. Wilfried Engelbrecht hat aber noch eine andere Erklärung für den Zeigebuben: „Der Chronist Johann Sebastian König schrieb im 18. Jahrhundert, dass der Kleine gar nicht auf den Baumeister zeigt, sondern auf einen ganz besonderen Stein, der hier eingemauert wurde: Außen ist es der schmalste, innen soll es der breiteste Stein sein." Was es damit genau auf sich haben könnte, weiß Engelbrecht nicht, er hält es aber für möglich, dass der Kleine sich auf diese Weise ein Denkmal gesetzt haben könnte. Wobei das eine sehr selbstbewusste

Der angeklagte Baumeister.

Haltung für einen Lehrbuben gewesen wäre. Wie auch immer es war: Der Lehrbub freut sich bestimmt, wenn die Gotteshausbesucher nicht nur in die frisch renovierte Kirche gehen, sondern auch ihm ab und zu einen Blick und vielleicht sogar ein Lächeln gönnen.

Eva-Maria Bast

So geht's zum geohrfeigten Buben:

Der kleine Mann sitzt an der Westseite der Stadtkirche am Kirchplatz in etwa fünf Metern Höhe. Der „Angeklagte" befindet sich weiter rechts, nahe des südwestlichen Ecks.

Hundegrab

Liebe bis über den Tod hinaus

Manche Legenden sind zu schön, um wahr zu sein. So ist es auch mit der künstlichen Ruine, die häufig „Grabmal des Vergil" genannt wird und die Markgräfin Wilhelmine (1709–1758) einst auf dem Gelände der Eremitage errichten ließ. Die Geschichte, die sich darum rankt, handelt von der Fürstin und ihrer großen Tierliebe. Und sie geht so:

Wilhelmine hatte einen Hund, den sie über alles liebte. Es war ein schwarz-weißer Zwergspaniel mit kleiner Schnauze, großen Ohren und treuen Augen, der Folichon hieß. Der „kleine Verrückte" – das bedeutet sein Name übersetzt – war ihr ständiger Begleiter und ein Quell großer Freude für die sensible und sowohl körperlich als auch psychisch immer wieder ziemlich labile Markgräfin. Als er starb, war die Trauer über den Verlust des Haustieres so groß, dass sie ihm auf dem Gelände der Eremitage ein monumentales Grabmal errichten ließ – das Grabmal des Vergil, angeblich benannt nach und inspiriert von der Grabstätte des großen Dichters. Dieses steht noch heute und erinnert seit vielen Jahrhunderten an den niedlichen Wegbegleiter der Markgräfin. Doch diese Geschichte enthält zwei Fehler.

„Der Hund liegt nicht unter dieser Ruine begraben", sagt Ute Domeyer, die für die Bayerische Schlösserverwaltung Gäste durch die Eremitage führt. „Die Nachbildung vom Grabmal des Vergil stand schon etliche Jahre, bevor Folichon starb." Das Hündchen habe vielmehr einige Meter neben dem antikischen Denkmal seine letzte Ruhestätte gefunden, dort, wo heute Büsche wachsen und eine Hinweistafel zu der Ruine steht. Der Bestattungsort lässt sich ziemlich genau lokalisieren. Im Audienzzimmer der Markgräfin gibt es nämlich ein Deckengemälde, das Wilhelmine in der Gestalt von Chilonis, der Tochter des Spartaner-Königs Leonidas, zeigt. Zu ihren Füßen liegt der kleine Folichon mit roten Bommeln an den Ohren. „Wenn man hier unter dem gemalten Hund steht und hinaus durchs Fenster schaut, dann kann man

„Das antikische Grabmal" im Schlosspark der Eremitage wird oft als Grabmal für Wilhelmines Schoßhund Folichon bezeichnet.

auf sein wahres Grab sehen", erklärt Ute Domeyer den Clou. So war er seiner Herrin auch nach seinem Tod noch immer nah.

Wie sehr sie das Tier tatsächlich mochte, zeigen auch die so genannten „Hundebriefe" vom Mai 1748, die sich Wilhelmine mit ihrem geliebten Bruder Friedrich dem Großen (1712–1786) schrieb. Im Namen ihres Folichon verfasst sie rührende Zeilen an die Hündin „Biche", die am Hofe des Bruders lebt: „Allerliebste Hündin. (…) Ich schmachte seit unserer Trennung nach dir. Schwermütig verbringe ich meine Zeit zu Füßen meiner Herrin. Ich höre sie über die grausame Trennung von einem geliebten Bruder klagen." Friedrich der Große nimmt amüsiert den Faden auf: „Ja, Folichon. Du kannst mir sagen, was du willst: Ich habe deine anbetungswürdige Herrin gesehen und Du wirst mir nicht ausreden, dass sie von weit höherer Art ist als wir", antwortet Biche.

Wenn die künstliche Ruine auf der Eremitage nicht Folichon gewidmet ist, wessen Grabmal ist es dann? „Das ist überhaupt kein Grab. Wilhelmine liebte Ruinen und wollte daran erinnern, dass wir alle nur Gast auf Erden sind", stellt Ute Domeyer richtig. Bei ihrer Italienreise 1755 hat Wilhelmine das vermeintliche Grab Vergils in Neapel besucht, etliche Steine aus der Gegend dort mitgebracht und anschließend auf dem Gelände der Eremitage das Denkmal aufstellen lassen. Und hier steckt der zweite Fehler der Geschichte: Die Säulenruine hat nicht die geringste Ähnlichkeit mit dem Bauwerk, das in Neapel als „Grabmal des Vergil" jährlich von Tausenden Touristen bestaunt wird. Das „Original", von dem nicht eindeutig geklärt ist, ob die Asche des römischen Dichters (70 v. Chr.–19 v. Chr.) wirklich dort beigesetzt ist, sieht ganz anders aus. So ist nicht nur die Geschichte von Folichons Grab, sondern auch die, das antikische Denkmal sei ein Abbild des Grabs von Vergil, eine Legende: zu schön, um wahr zu sein.

Heike Thissen

So geht's zum Hundegrab:

Das Grab von Folichon liegt neben der Säulenruine, die zwischen Ruinentheater und Altem Schloss steht. Mit dem Schloss im Rücken liegt das Grab links davon, ungefähr dort, wo heute die Hinweistafel „Antikisches Grabmal" steht.

Thomas Dorn weiß: Mit diesem Gitter hat es eine besondere Bewandtnis.

Bodengitter
Notausgang für den Ernstfall

Wer in die Bayreuther Spitalkirche St. Elisabeth geht, der schaut meist nicht auf den Boden, sondern auf die Tür, die es zu öffnen gilt, wenn man das Gotteshaus betreten will. Und selbst wenn der Blick doch einmal auf die Straße fällt und man das Gitter bemerkt, das sich vor dem Eingang befindet, wird sich kaum einer darüber Gedanken machen. Warum auch? Gitter vor Eingangstüren sind schließlich nichts Ungewöhnliches!

123

Dieses schon: Es ist nämlich der Notausgang eines Luftschutzkellers aus dem Zweiten Weltkrieg, der unter der Kirche liegt. „Durch dieses Gitter hätte man flüchten können, wenn die Kirche verschüttet worden wäre", sagt Thomas Dorn, Mesner der Spitalkirche. Der Keller ist älter als das Gotteshaus selbst:

„Durch dieses Gitter hätte man flüchten können, wenn die Kirche verschüttet worden wäre."

„Er ist von der Vorgängerkirche erhalten geblieben, einer kleinen, urigen Spitalkirche", sagt Dorn. Deren Anfänge reichen bis ins 12. Jahrhundert zurück, vermutlich ist diese erste Kirche sogar noch älter als das angrenzende Spital. Spital und Spitalmesse wurden 1398 erstmals im „Bayreuther Landbuch" erwähnt. Stifter waren die Burggrafen von Nürnberg, die späteren Markgrafen von Brandenburg. Während des Hussitensturms 1430 wurde die Kirche zerstört und anschließend unter dem Bamberger Meister Oswald wiederaufgebaut. Diese gotische Spitalkirche wurde 1439 geweiht. Das Kirchlein sei jedoch schnell zu klein geworden, erzählt Thomas Dorn. 1547 bis 1576 erfolgte ein Renaissance-Neubau.

Doch dann heiratete Wilhelmine von Preußen (1709–1758), Schwester Friedrichs des Großen (1712–1786), im Jahre 1731 Friedrich von Brandenburg-Bayreuth, den Erbprinzen des Fürstentums Bayreuth, und zog damit in die Stadt ein. „Sie fand das Kirchlein wohl unmöglich, trotzdem hat man es eine Weile gelassen. Erst 1746 beschloss der markgräfliche Hof den Neubau der Kirche", erzählt der Mesner. Der Neubau erfolgte in den Jahren 1748 bis 1750, Baumeister war der Bayreuther Hofarchitekt Joseph Saint-Pierre (1709–1754), der auch das Markgräfliche Opernhaus, die Schlosskirche und das Neue Schloss errichtete.

Im Keller der Spitalkirche, sagt Thomas Dorn, habe es im Zweiten Weltkrieg sogar eine Gasschleuse für den Fall eines Giftgasanschlages gegeben. Die Badewannen, in denen sich diejenigen, die unter dem Gotteshaus Schutz suchten, nach den Anschlägen hätten reinigen müssen, fänden sich noch heute an Ort und Stelle. Doch keine Bombe fiel auf die Kirche, obwohl in der Nachbarschaft ungeheuer viel zerstört wurde und „die Stadt einem Inferno glich", wie Thomas Dorn sagt. „Vermutlich", überlegt er, „wurde die Kirche verschont, weil seit dem Mittelalter und bis 1974 der hintere Teil als Spital für bis zu 25 Bewohner genutzt wurde." Für diese war auch der Luftschutzkeller gedacht.

Vom Bombenhagel des Zweiten Weltkriegs blieb das Gotteshaus also verschont, und selbst wenn das Feuer übergegriffen hätte, hätte es zumindest eine kleine „Gegenwehr" gehabt: „Die Kirche ist ja zu 90 Prozent aus Holz, aber im Krieg wurden alle Balken, besonders in dem riesigen Dachstuhl, mit Brand-schutzfarbe restauriert", erzählt Thomas Dorn. Noch heute ist das Gebälk wegen diesem Anstrich teilweise weiß. Der junge Mesner geht gern hier hinauf aufs Dach, wo sich auch die alte Turmuhr befindet, die für ihn etwas ganz Besonderes ist. „Sie ist immer noch so, wie man sich eine Turm-uhr vorstellt: mit Gewichten und Handkurbel." Viel seltener als auf dem Dachboden ist Thomas Dorn im Keller. „Da ist es finster, vollgestellt und alles voller Spin-nen", erzählt er.

Das wenig beachtete Gitter.

Doch theoretisch wäre es möglich, dass er durch den Keller geht und aus dem Fußbodengitter vor dem Eingang schaut, wenn er sich dazu auch ziemlich verbiegen müsste. Wenn in diesem Moment jemand nach unten blicken würde, wüsste er jedenfalls sofort, dass es mit diesem Gitter eine ganz besondere Bewandtnis hat.

Eva-Maria Bast

So geht's zum Bodengitter:

Das Gitter ist unmittelbar vor dem Haupteingang der Spitalkirche in den Boden eingelassen. Die Spitalkirche steht in der Maximilianstraße.

Türme

Mensch und Tier in luftigen Höhen

Der Blick von unten nach oben ist überwältigend: Prachtvoll erheben sich die beiden mit einer Brücke verbundenen Türme der Stadtkirche vor dem Bayreuther Himmel. Und der Blick von oben nach unten ist regelrecht atemberaubend. Die Türmer der Stadtkirche, die hier oben mindestens seit 1448 und bis ins Jahr 1932 hinein ihren Dienst taten, hatten diesen Blick tagtäglich. Man kann die Fenster, durch die der Türmer aus seiner Wohnung im Nordturm blickte, von unten aus erkennen.

Der letzte Türmer war Johann Münch, der nach seinem Dienstende im Dezember 1932 noch bis zu seinem Tod am 4. März 1934 auf dem Turm leben durfte – mit seiner Frau, seinen zwei Söhnen und zahlreichen Tieren. „Aufgabe des Türmers war es, nach Feuer Ausschau zu halten und entsprechend zu warnen", erzählt Stadtpfarrer Hans-Helmut Bayer. Mit seinem Fernglas

> „Aufgabe des Türmers war es, nach Feuer Ausschau zu halten und entsprechend zu warnen."

saß Johann Münch also auf dem Turm und spähte in alle Richtungen – tags wie nachts. „Damit auch sichergestellt war, dass er wirklich seinen Dienst tat und nicht etwa schlief, musste er alle Viertelstunde die Glocke anschlagen", berichtet Bayer. – Aber irgendwann muss ein Mensch doch mal schlafen? „Er war ja nicht allein auf dem Turm", erklärt der Stadtpfarrer. „Seine Familie – die Gattin nebst zwei Söhnen, für die der Türmer in der kleinen Wohnstube auf den Nordturm sogar eine Schaukel angebracht hatte – unterstützte ihn und er hatte auch Gehilfen."

Wenn es tatsächlich einmal brannte, musste der Türmer Alarm schlagen: Es gab eine Feuerlaterne, die er nachts in der Richtung des Brandes aus dem Fenster hielt. Tags konnte er eine Feuerfahne in der entsprechenden Himmelsrichtung an den Vorrichtungen am Turm befestigen. „Und er hatte auch den ersten Telefonanschluss von Bay-

Hier oben wohnten die Türmer. Im Nordturm (rechts) befand sich die Wohnung, am Südturm stand ein Lastenaufzug.

127

reuth hier oben, das Telefon hängt noch immer", erzählt der Stadtpfarrer. Um die möglicherweise schlafenden Anwohner aufzuwecken und vor dem Feuer zu warnen, stand dem Turmwächter eine Feuerglocke zur Verfügung. Bernd Schwemmlein, der sich intensiv mit dem Leben der letzten Türmerfamilie auseinandergesetzt hat, schreibt: „Neben seinem Arbeitsplatz befand sich ein Eisengriff, an dem ein Zuggurt befestigt war. Wenn er daran zog, schlug der Glockenhammer die Glocke an."

Johann Münch muss ein fleißiger Mann gewesen sein: Zwischen seinen Spährunden baute er entzückende Puppenmöbel und er verdingte sich als Schuster. Nein, seine Kunden mussten nicht die über 150 Stufen nach oben steigen, um das Schuhwerk zur Reparatur zu bringen und wieder abzuholen: Auf dem Südturm stand ein Kran mit Drehkurbel, über den Lasten nach oben und unten transportiert werden konnten.

Nachdem die Ära der Türmer geendet hatte – eine tüchtige Feuerwehr (siehe Geheimnis 28) und ein „modernes" Kommunikationssystem mit Telefonen hatte seine Arbeit überflüssig gemacht – musste noch eine Weile lang die Kirchturmuhr per Hand aufgezogen werden. Das tat nach dem Krieg der Enkel von Johann Münch, Helmut Münch. „Dieser Dienst wurde eingestellt, als die Gemeinde am 27. Juni 1948 die unversehrte Heimkehr der im Krieg auf den Hamburger Glockenfriedhof ausgelagerten Glocken feiern konnte", schreibt Bernd Schwemmlein.

Das war das Ende der Ära Münch – und das Ende der Türmer überhaupt auf der Stadtkirche Bayreuth. Nur noch die Fenster künden von Zeiten, als per Fernglas nach Bränden Ausschau gehalten wurde. Und droben auf dem Turm ist vieles noch so, wie es einst war: Ein Bett steht noch und ein gedeckter Tisch. Speisen wird an der Tafel allerdings niemand mehr.

Eva-Maria Bast

So geht's zu den Türmen:

Die Stadtkirche steht am Kirchplatz. Die Türme sind von vielen Stellen der Stadt aus zu sehen.

Dr. Frank Piontek findet es schade, dass aus dem Brunnen kein Wasser mehr sprudelt.

Brunnen

Wo Todgeweihte Wasser schöpften

Es sieht aus wie ein kleines Häuschen, wenn auch eins mit einer überdimensional großen Tür: Auf einem viereckigen Steinblock, aus dem ein riesiges „Portal" ausgeschnitten ist, sitzt ein Dach mit flacher Neigung. Um ehrlich zu sein, wirkt es etwas seltsam, denn es ist nur etwa einen Meter hoch und der Stein ist ein bisschen schmutzig. Fast kann man Mitleid mit dem kleinen Ding haben, das da verloren und verlassen neben einer Bushaltestelle steht. Daran hat es sich inzwischen bestimmt gewöhnt, aber leicht war die Umgewöhnung sicherlich nicht, drängten sich doch früher die Menschen regelrecht um es herum, als es ein Mittelpunkt mittelalterlichen Lebens war – zumindest für eine bestimmte, vom Schicksal schwer getroffene Menschengruppe. „Das ist ein alter Brunnen", lüftet Kulturhistoriker Dr. Frank Piontek das Geheimnis. „Und er gehörte einst zum gegenüberliegenden Siechenhaus." In Siechenhäusern wurden schwerkranke Bürger untergebracht. Meist befanden sich die Siechenhäuser außerhalb der mittelalterlichen Stadt, da die Bürger keinen Kontakt mit den Kranken wünschten – um Ansteckungen zu vermeiden.

An dem jetzigen Neubau der ‚Erlanger Straße 59' erinnern noch zwei alte Tafeln daran, dass das Siechenhaus hier stand. „Es soll Mitte des 15. Jahrhunderts gebaut und danach immer wieder verändert worden sein", erzählt Piontek. Die Veränderungen zogen sich durch die Jahrhunderte hindurch, Mitte des 19. Jahrhunderts wurde das Gebäude in ein Armenhaus umgewandelt und auch nach dem Ersten und Zweiten Weltkrieg wohnten hier Menschen mit sehr geringem Einkommen. In den 1970er-Jahren ging es mit der Existenz des Gebäudes schon dem Ende entgegen: Das Haus war in einem schlechten Zustand, für die Sanierung fehlte das Geld. 1979 wurde es abgebrochen. „Beim Wiederaufbau mussten unter anderem die beiden Gedenktafeln erhalten bleiben", sagt der Kulturhistoriker.

Der Brunnen gehört mittlerweile der Stadt. Wasser fließt hier heute ebenso wenig, wie gegenüber Schwerkranke ein- und nicht mehr ausziehen. Ein- und nicht mehr ausziehen? „Eins ist klar", macht Piontek deutlich: „Wer hier herkam, wurde nicht gesund gepflegt, er kam, um zu sterben."

Also waren es wohl Todgeweihte und ihr Pfleger, der übrigens auch Totengräber war, die an diesem Brunnen Wasser holten. Insofern passt der Standort vor dem Friedhof tragischerweise ganz gut.

Eva-Maria Bast

....

So geht's zum Brunnen:

Der Brunnen steht gegenüber der Erlanger Straße 59 neben der Bushaltestelle. Im Vorgängerbau von Haus Nummer 59 befand sich einst das Siechenhaus.

Von diesen Steintafeln gibt es im Park der Fantaisie viele. Ihr morbider Charme ist Programm.

Gedenksteine

Fürstliche Poesiealben im Park

Wer aufmerksam durch den Garten des Schlosses Fantaisie spaziert, entdeckt sie an allen Ecken und Enden: mehr oder weniger verwitterte Steintafeln, die mit einer Inschrift versehen sind. Auf den ersten Blick sehen sie aus wie Grabsteine oder einfache Epitaphe. Da fragt man sich als Besucher zwangsläufig, ob man womöglich nicht in einem Landschaftsgarten, sondern eher auf einem Waldfriedhof unterwegs ist. Doch Ute Domeyer, Gästeführerin der Bayerischen Schlösserverwaltung, kann beruhigen: „Das sind keine Grabsteine, sondern die Poesiealben des 18. und 19. Jahrhunderts."

131

Getreu dem Motto, „Schreib ich dir ins Poesiealbum, schreibst du mir ins Poesiealbum", sei unter Fürstin Dorothea Friederike Sophie von Württemberg (1759–1828) ein richtiger Gedenkstein-Trend entstanden. Die Idee stammte ursprünglich von einem Grafen von Wargemont, der mehrere Monate auf Schloss Fantaisie verbrachte. Der Hofkavalier der Hausherrin ließ zu ihren Ehren

„Das sind keine Grabsteine, sondern die Poesiealben des 18. und 19. Jahrhunderts."

eine Dankpyramide im Schlosspark errichten, die mit einer Inschrift versehen war. Die Fürstin und ihre Nachfahren griffen die Idee auf und verteilten viele dieser „sprechenden Steine" im Garten. „Damit haben sie ausgedrückt, wie sehr sie ihre Freunde und Verwandten schätzen – die lebenden genauso wie die toten", sagt Ute Domeyer zu den Hintergründen. Eine der Inschriften lautet übersetzt beispielsweise: „Gewidmet dem Andenken an seinen ehrwürdigen Vater Franz, regierender Herzog von Sachsen-Coburg. Gestorben im Jahre 1807." Eine andere geht so: „Ernst hat an diesem so harten Stein recht und schlecht gearbeitet, hoffend, dadurch seine Anhänglichkeit an seine Eltern zu beweisen, 1820". Bei den so oder ähnlich Bedachten seien ebenfalls solche Gedenksteine zu finden, die wiederum an die Bewohner der Fantaisie erinnern.

Ab 1793 nutzten Dorothea Friederike Sophie und ihr Gatte Friedrich Eugen von Württemberg Schloss Fantaisie als Sommersitz. Anstatt sich dort bei ihren Aufenthalten auf die faule Haut zu legen, ließen sie das Anwesen grundlegend umbauen. Sie erneuerten das Schloss, brachten die Wasserspiele auf Vordermann und entwarfen neben dem bestehenden Rokokogarten jenen „Jardin des Sentiments", den „Garten der Empfindsamkeit", der heute noch zu sehen ist. Dort platzierte die Bauherrin inmitten der Natur neben den Inschriften auf den Felsen auch eine Säule der Eintracht, eine Gräberstraße, Pavillons und aus Stein gehauene Bänke. Es muss paradiesisch gewesen sein! So beschreibt es auch der preußische Offizier Jobst Christoph Ernst von Reiche (1772–1833), der den Garten zu Lebzeiten von Fürstin Dorothea kennenlernte: „Und die feyerliche Stille, die hier einen umgibt, die duftenden Blumen, die um einen her blühen und das Auge ergözen, und dann das dumpfe Rauschen einer nicht mehr weit entfernten Quelle, erheben hier die Seelen des Gefühlvollen gleichsam in eine höhere Sphäre; ja, lassen ihn eine mehr als blos irdische Freude geniessen."

Das Leben jenseits des Irdischen war auch der Grund für ein anderes Bauwerk, das Dorothea Friederike Sophie von Württemberg in ihrem Garten errichten ließ und das Besucher staunen – wenn nicht sogar schaudern lässt. Dort, wo etliche der Gedenksteine versammelt stehen, gibt es ein so genanntes Kolumbarium, eine Höhle, die aussieht wie eine Katakombe. „In früheren Jahren gab es auch tatsächlich Urnen aus Porzellan in den Nischen. Aber natürlich war dort nie jemand bestattet. Sie sollten nur an den Tod erinnern", erklärt Ute Domeyer. Weil Besucher die Urnen jedoch immer wieder als Souvenir mit nach Hause genommen hätten, sei der Zugang inzwischen vergittert. Doch selbst das

Friedhof-Atmosphäre im Park der Fantaisie.

leere Kolumbarium reicht aus, um dem kleinen Platz mit seinen Gedenksteinen einen morbiden Charme zu verleihen. Auch beim Offizier von Reiche scheint es einen schaurig-schönen Eindruck hinterlassen zu haben: „Man gehet neugierig und gleichsam bange hinein in ihr dunkles Steingewölbe, folgt dessen krummen Gange nach, und weilet in ihm da, wo die Gottesfurcht der Kunst befal, eine Stätte heiliger Andacht zu bilden, ehrfurchtsvoll und staunend."

Leben und Tod, Hell und Dunkel, Tag und Nacht waren in Dorothea Friederike Sophies Garten allgegenwärtig. Diese Geisteshaltung war typisch für ihre Zeit. Eher untypisch ist, dass sie auf dem Gelände der Fantaisie die Jahrhunderte überdauert hat.

Heike Thissen

So geht's zu den Gedenksteinen:

Etliche der Gedenksteine befinden sich im Garten des Schlosses Fantaisie entlang dem Weg von der Säule der Eintracht zur Katakombe.

133

*Im Braunbierhaus steckte einst
ein Skelett in der Mauer.*

38

Braunbierhaus

Eingemauertes Skelett sorgte für Schrecken

S tephan Müller ist mit Leib und Seele Heimatforscher. Er liebt
es, in Archiven zu stöbern und alte Zeitungsartikel zu studieren. Als ihm ein Bekannter einen Zeitungsschnipsel von
1930 gab, fiel dem Bayreuther buchstäblich die Kinnlade
herunter. Ebenso mag es demjenigen gegangen sein, der damals das
entdeckte, was Stephan Müller bei der Lektüre so verblüffte. In der
Zeitungsnotiz ist von einer „wahren, etwas gruseligen Überlieferung"

die Rede. „Als vor 30 Jahren in das Haus ein neuer Mieter einziehen wollte, konnte man seine Möbel nicht durch den niedrigen Hausflur schaffen. Darauf wurde der enge Gang nach oben erweitert, und als man das Mauerwerk löste, entdeckte man hohlraumförmig eingelagert ein vollständiges menschliches Skelett, das mehrere hundert Jahre alt war." Der Journalist schreibt, dass „der grausige Fund" mit einer Geschichte aus der Zeit der Erbauung des Hauses in Zusammenhang gebracht wurde, „da angeblich ein Burggraf von Nürnberg einen

> *„Darauf wurde der enge Gang nach oben erweitert, und als man das Mauerwerk löste, entdeckte man hohlraumförmig eingelagert ein vollständiges menschliches Skelett, das mehrere hundert Jahre alt war."*

Burgvogt in Bayreuth wegen Mordes bestraft haben soll." Man habe nach dem Fund vermutet, dass das Skelett daher stamme. „Die Glaubwürdigkeit dieser Geschichte ist allerdings durch nichts zu beweisen."

Mehr, sagt Stephan Müller, habe er zu dieser gruseligen Geschichte nicht herausfinden können. Doch von welchem Haus im Artikel die Rede ist, das weiß er: „Es ist das Braunbierhaus", sagt er. „Und das ist eines der ältesten Häuser – oder sogar *das* älteste Haus in der Stadt." Schon vor dem Hussitensturm 1430 habe das damals „Nanckenreuther Burggut" genannte Gebäude an seinem Platz gestanden. „Es hatte viele Eigentümer und Besitzer."

Der Name „Braunbierhaus" sei aber keineswegs alt: „Die Brauerei Schinner hat das Gebäude 1976 gepachtet, seither heißt es so", sagt Müller. Inzwischen befindet sich in dem historischen Haus eine Brasserie, in der man hervorragend speisen kann.

Der Tote, der einst in der Mauer klemmte, schränkt den Genuss dabei nicht ein. Zumal er lang schon friedvoll – und inzwischen ordentlich bestattet – unter der Erde liegt.

Eva-Maria Bast

....

So geht's zum Braunbierhaus:

Das Braunbierhaus steht an der Ecke Kanzleistraße/Friedrichstraße.

39

Eisengitter

Gebäude für Prinzessinnen und Geisteskranke

Wenn ein Gebäude „Prinzessinnenhaus" heißt, ruft das bestimmte Erwartungen hervor. Herrschaftlich sollte es sein, mit verspielter Fassade und vielen Fenstern, aus denen die junge Adlige nach ihrem Ritter auf dem weißen Ross Ausschau halten kann. Das Gebäude in St. Georgen, das diesen Namen trägt, ist dann auch tatsächlich ein imposantes Haus mit unzähligen Fenstern. Das hübsche Äußere fehlt aber, was daran liegt, dass der Bauherr an dem unverputzten Sandsteingebäude auf aufwendigen Fassadenschmuck verzichtet hat. Außerdem fällt noch etwas auf: Viele der unteren Fenster sind vergittert. Und viele von denen, die nicht vergittert sind, waren es einmal. Das ist ganz deutlich zu sehen. Durfte die Prinzessin etwa nicht hinaus? „Die Prinzessin durfte schon hinaus", erklärt das St. Georgener Urgestein Ernst-Rüdiger Kettel. „Aber die Geisteskranken, die später hier wohnten, durften es nicht."

> *„Die Prinzessin durfte schon hinaus. Aber die Geisteskranken, die später hier wohnten, durften es nicht."*

Die Prinzessin, die dem Gebäude den Namen gab, war Christiane Sophie Wilhelmine (1701–1749), Tochter von Markgraf Georg Wilhelm (1678–1726) und dessen Gemahlin Sophia von Sachsen-Weißenfels (1684–1752). „Im Jahr 1722 ließ er für die junge Frau das Schlösschen gegenüber seinem eigenen Ordensschloss errichten", sagt Kettel. Doch sie sollte nicht lange darin leben. Und dazu kam es so: Christiane Sophie Wilhelmine war auf ihrer Suche nach dem Mann fürs Leben dem Charme des österreichischen Adligen Ernst Boguslaw von Wobeser erlegen, der eine Zeit lang mit am Hof ihres Vaters lebte. Wobeser war keine gute Partie für Christiane – in doppelter Hinsicht: Erstens war er ihrem Rang nicht ebenbürtig. Zweitens war er ein Schürzenjäger. Markgräfin Wilhelmine (1709–1758), die mit ihren Memoiren ein eindrückliches – wenn auch subjektives – Bild jener Zeit

Die Fenstergitter am Prinzessinnenhaus erinnern an die frühere Nutzung des Gebäudes.

hinterlassen hat, zweifelt daran, dass sich die Prinzessin wirklich frei-
willig dem Österreicher hingegeben hat. Sie vermutet vielmehr eine
List von deren Mutter Sophia von Sachsen-Weißenfels, die ihre eigene
Tochter ins Unglück stürzen wollte. Die Markgräfin habe Wobeser

Schlicht, aber dennoch beeindruckend:
das Prinzessinnenhaus.

viertausend Dukaten ver-
sprechen lassen, falls er es
fertig brächte, die Prinzessin zu verführen und zu
schwängern. „Wobster war
über diesen Antrag sehr
erfreut", erzählt Wilhel-
mine in ihren Memoiren.
„Er machte der Prinzessin
lange Zeit den Hof, ohne
daß sie ihm je anders als
ablehnend und verächtlich
begegnet wäre. Als die
Markgräfin sah, daß sie auf
diese Weise ihre Ziele nicht
erreichen würde, versteckte
sie Wobster eines Nachts im Zimmer der Prinzessin. Ihre Dienerschaft
war bestochen. Man sperrte sie zusammen ein, trotz ihrer Hilferufe
und Tränen wurde er ihrer Herr und tat ihr Gewalt an."

Wobeser scheint dennoch das Herz der jungen Frau erobert zu
haben. Jedenfalls vereinbaren sie in einem Pakt – so berichtet es die
spätere Markgräfin Wilhelmine in ihren Memoiren – sich so lange
regelmäßig zu treffen, bis sie schwanger sei, mit der Aussicht darauf,
danach heiraten zu können. Der erste Teil des Plans ging auf: Die
Prinzessin wurde schwanger und verbarg ihre Umstände, so gut es
eben ging. Doch da sie Zwillinge erwartete, dürfte dieses Verstecken
nicht lange erfolgreich gewesen sein. Im Beisein ihrer Mutter brachte
sie die Jungen 1725 auf der Eremitage zur Welt. „Die Markgräfin (…)
nahm die beiden Kinder, lief damit umher und zeigte sie allen, indem
sie über die Schamlosigkeit ihrer Tochter in Klagen ausbrach und ihre
Niederkunft verkündete. (…) Die Markgräfin hatte mit den Kindern
so viel herumhantiert, daß beide starben", schildert Wilhelmine das

ungeheuerliche Verhalten der Prinzessinnen-Mutter. An dieser Beschreibung darf man allerdings getrost zweifeln. Tatsächlich waren die Zwillinge wohl eher schon bei ihrer Geburt tot. Georg Wilhelm jedenfalls, entsetzt über das Verhalten seiner Tochter, sperrte diese erst auf der Plassenburg in Kulmbach und später auf Schloss Selb ein. Die ganze Aufregung rieb den Markgrafen so auf, dass er 1726 an einem Schlaganfall starb. Das bedeutete für Christiane Sophie Wilhelmine die Rettung: Der Nachfolger ihres Vaters ließ sie zwei Jahre später frei. Im Prinzessinnenhaus hat sie danach nicht mehr gelebt. Ihr Lebensmittelpunkt war Kulmbach, sodass sie das Gebäude an der heutigen Markgrafenallee im Jahr 1735 zu einem Spottpreis verkaufte – an den Gatten jener Wilhelmine, die die Wobeser-Affäre in ihren Memoiren beschrieben hat.

Knapp 60 Jahre lang wurde das Prinzessinnenhaus von den unterschiedlichen Markgrafen und ihren Familien genutzt, dann wurde es eine Irrenanstalt. Ab 1784 lebten in dem Gebäude Nerven- und Geisteskranke. „Die Mediziner waren zu dem Schluss gelangt, dass man sie nicht länger zusammen mit den Strafgefangenen auf der anderen Straßenseite einsperren konnte", erklärt Kettel. Dass man die Kranken dennoch hinter Schloss und Riegel verwahrte, daran erinnern die vergitterten Fenster im Untergeschoss des Hauses und die Überreste von den Gitterstäben, die entfernt wurden. Sie wurden allerdings schon lange nicht mehr gebraucht. Nach der Irrenanstalt zog der Zuckerwaren-, Biscuit- & Lebkuchen-Fabrikant Oscar Teuscher mit seiner Familie ein, in den Seitenflügeln wurden die Leckereien hergestellt. Heute sieht die Nutzung wieder anders aus: Privatwohnungen und Firmenräume sind in dem Gebäude untergebracht, in dem einst die unglückliche Christiane Sophie Wilhelmine lebte.

Heike Thissen

So geht's zum Prinzessinnenhaus:

Das Prinzessinnenhaus steht im Bayreuther Stadtteil St. Georgen in der Markgrafenallee 44.

40

Zwerg am Brunnen

Kleiner Mann und unglückliche Kurfürstin

*E*r hieß Johann Tramm. Er war etwa zwei Schuh groß, also um die 60 Zentimeter. Und er ist auf dem großen Reiterstandbild am Brunnen vor dem Neuen Schloss verewigt. Das zumindest sagt die Überlieferung. Denn Johann Tramm hatte für den markgräflichen Hof, an dem man im Übrigen sehr zwergenfreundlich war (siehe Geheimnis 18), einige Bedeutung. Und ein Zwerg ist auf dem Brunnen ganz eindeutig zu sehen. Stephan Müller, der sich bestens in Bayreuths Stadtgeschichte auskennt, ist sich allerdings nicht so ganz sicher, ob es sich bei dem Kleinen wirklich um Johann Tramm oder nicht eher um den Sohn des Markgrafen handelt: „Ich halte es für fragwürdig, ob sich ein Markgraf wirklich mit seinem Hofzwerg darstellen ließ, noch dazu auf einem solch wichtigen Element der Selbstdarstellung wie der Brunnen", sagt Müller. Andererseits stellt das natürlich auch in gewisser Weise Überlegenheit dar – „und der Zwerg", erzählt Müller, „war der

> *„Der Zwerg war der Liebling von Markgraf Christian Ernst."*

Liebling von Markgraf Christian Ernst." Nicht nur der Markgraf habe den Kleinen, der am Hof Narrenfreiheit genoss und ständig harmlose Späße trieb, sehr gemocht. Allgemein sei der kleine Kerl äußerst beliebt gewesen. Auch bei Markgrafentochter Christiane Eberhardine (1671–1727). Als sie im Januar 1693 Friedrich August I. von Sachsen (1670–1733) in der Bayreuther Stadtkirche heiratete, der später als August der Starke in die Geschichte einging, schenkte ihr Vater ihr den Kleinen zur Hochzeit – er sprang als Überraschung aus einer Torte. Vielleicht hat er sie ein wenig trösten können, denn glücklich war die Markgrafentochter in ihrer Ehe nicht.

Dabei hatte alles so romantisch angefangen: Es war im Jahr 1686, als Christiane Eberhardine gemeinsam mit ihrem Vater an den Dresdner Hof eingeladen war. „Heute würde man sagen, dass sie dort

Der kleine Zwerg blickt freundlich auf die Vorübergehenden herab.

gut ankam", schmunzelt Stephan Müller. Und zwar sowohl bei Kurfürst Johann Georg III. (1647–1691) und seiner Gattin Anna Sophie von Dänemark (1647–1717) als auch bei Prinz Friedrich August. Kaum war die Markgrafentochter heimgekehrt, begann man auch schon um sie zu werben, kamen Briefe und Geschenke an das 15-jährige Mädchen. Doch deren Eltern hatten sich einen anderen Bräutigam für ihre Tochter auserkoren. „Keinen bestimmten, aber einen höher stehenden", sagt Müller. Schließlich hatte der Verehrer Friedrich August von Sachsen einen entscheidenden Makel in Form eines älteren Bruders. Regierender Fürst würde er demnach wahrscheinlich nicht werden. „Und das hätte man sich doch mindestens für das Töchterchen erwartet", erzählt der Stadtkenner. Doch ein Ehemann, der zu den Vorstellungen der Eltern gepasst hätte, fand sich nicht, 1690 fasste sich Friedrich August ein Herz und bat den Markgrafen um Christiane Eberhardines Hand. „Doch bis ein ‚Ja' kam, dauerte es noch zwei Jahre", erzählt Mül-

„Doch bis ein ‚Ja' kam, dauerte es noch zwei Jahre."

ler. Dann jedoch war der Prinz außer sich vor Glück. Am selben Tag, dem 27. August 1792, schrieb er an die künftige Gemahlin einen Brief, den der geschichtskundige Bayreuther Karl Müssel in einem Aufsatz als „verliebte(s) Gestammel eines jungen Mannes" bezeichnet, „dessen ‚Rechtschreibung' von der sächsischen Mundart bestimmt wurde." In der Tat: Friedrich August spricht die künftige Gattin als „Durchleichtigste princessin", an, erklärt sein Entzücken über das „glickliche gawohrt" (Jawort) und verkündet weiter: „Sie haben in ihren henden einen gehorstamsten schlafen (Sklaven) glicklich und unglicklich zu machen." Die Unterschrift: „Ihr gedreister Knecht Friedrich August Herzog von Sachsen." Mit dem Getreusein nahm es der Herzog dann aber nicht so genau. Oder besser: Er nahm es ziemlich ungenau. August der Starke hatte eine Liebschaft nach der anderen. „Und zwar sowohl bevor als auch nachdem er durch den Tod seines Bruders Kurfürst und damit Regent von Sachsen wurde", erzählt Stephan Müller. Wie sich die Kurfürstin wohl gefühlt haben mag, als sie ihrem Gatten einen Sohn gebar – im selben Monat wie seine Geliebte Marie Aurora Gräfin von Königsmarck (1662–1728)? Wobei, so behauptet es Markgräfin Wilhelmine in ihren Memoiren, dieses Kind wohlgemerkt nur eines von 354 unehelichen Kindern war, die der Markgraf gezeugt haben soll. Auch Zwerg Johann Tramm konnte seine Besitzerin – denn nichts anderes war die Kurfürstin – nicht allzu lang mit seinen Späßen erheitern, er starb im Alter von nur 20 Jahren an einem Schlaganfall.

Christiane Eberhardine lebte noch bis zum 5. September 1727. Dann schloss sie für immer ihre kurfürstlichen Augen. Ihr Gatte kam nicht mal zu ihrer Beerdigung. Die Augen von Zwerg Johann Tramm hingegen sind immer noch geöffnet – zumindest die steinernen am Brunnen vor dem Neuen Schloss und sofern es sich wirklich um den Zwerg handelt. Von dort aus blickt er jeden, der vorübergeht, freundlich an.

Eva-Maria Bast

....

So geht's zum Zwerg am Brunnen:

Der Brunnen steht vor dem Neuen Schloss. Der Zwerg befindet sich neben dem linken Vorderbein des Pferdes.

41

Kreuzstein

Das letzte Marterl der Stadt

*E*s gibt Namen in der Stadt, die den Bayreuthern so geläufig sind, dass sie längst aufgehört haben, sich über sie zu wundern. Dass es im Stadtteil St. Georgen eine „Matrosengasse" gibt (siehe Geheimnis 9), ist genauso selbstverständlich wie eine Frauengasse in der Stadtmitte (siehe Geheimnis 20). Dabei lohnt es sich immer wieder, auch scheinbar Altbekanntes zu hinterfragen. Denn in vielen Namen lebt die Geschichte der Stadt seit Jahrzehnten und Jahrhunderten fort. Das gilt auch für das Stadtviertel „Kreuzstein" und seine vielen Namensvettern, wie das „Kreuzstein-Bad" oder den „Kreuzstein-Weiher", der jetzt „Glasenweiher" heißt.

„Die Bezeichnungen stammen alle von diesem Kreuz her", erklärt Brigitte Wehrfritz und deutet auf einen behauenen Sandstein, der vor ihrem Wohnhaus steht. Er zeigt ein Flachrelief mit Kruzifix und ist an der Außenwand des Hauses befestigt. „Ursprünglich stand er an der Creußener Fuhre, der jetzigen Nürnberger Straße. 1761 wurde er dort abgebaut und hierher gebracht. Wann genau er ursprünglich aufgestellt wurde und warum, ist nicht sicher geklärt", sagt die Hausherrin weiter. Vermutlich ist er bereits mehr als 400 Jahre alt und wurde als Sühnezeichen für einen Mord errichtet. Gut möglich, dass er an den gewaltsamen

Vor der imposanten Sandsteinfassade des Wohnhauses ist der Stein nur schwer auszumachen.

Tod von Jakob Dülp erinnert, über den Kammerregistrator Johann Wolf Heller in seiner Stadtchronik von 1830 schreibt. Demnach sei der Weißgerber Dülp im Jahr 1583 von „Kunzen Vogel", einem Bayreuther Bürgerssohn, erstochen worden. Die Tat ist wohl zwischen

Brigitte Wehrfritz pflegt den Kreuzstein, der einem ganzen Viertel den Namen gab.

der damaligen Stadtgrenze am Oberntor und dem heutigen Standort des Hauses der Familie Wehrfritz geschehen. „Man hat den Täter wohl nie gefasst", beendet Brigitte Wehrfritz die kurze Geschichte vom Ableben des Jakob Dülp. Das Marterl sei somit ursprünglich ein Sühnezeichen gewesen, um die Stelle wieder zu weihen, die durch die Untat befleckt worden war. Heute steht es zwar nicht mehr an seinem Originalplatz, aber immer noch in unmittelbarer Nähe. „Unser Kreuz ist ein eher naives Kunstwerk, weil es aus drei Teilen zusammengesetzt ist. Ein richtig guter Steinmetz hätte das Denkmal wohl aus einem ganzen Sandstein gefertigt", überlegt die Bayreutherin.

Auch wenn es nur ein handwerkliches und kein künstlerisches Denkmal ist, hegt und pflegt es Familie Wehrfritz seit Jahrzehnten. Das Wohnhaus und der Stein bilden für sie inzwischen eine untrennbare Einheit. „Bevor wir den Kreuzstein restaurieren ließen, wollte ihn die Stadt Bayreuth hier abbauen und ins Heimatmuseum in der Stadtmitte bringen", erinnert sich Brigitte

„Ohne die Umgebung hier hätte das Kreuz seine ursprüngliche Bedeutung verloren."

Wehrfritz an das Jahr 1997. Vor ihrem Haus hätte dann eine Kopie aus Beton stehen sollen. „Aber ohne die Umgebung hier hätte das Kreuz seine ursprüngliche Bedeutung verloren", ist sie sich sicher. Davon konnte sie schließlich auch die Stadt überzeugen. Inzwischen ist das Marterl durch ein neues Fundament gegen aufsteigende und durch ein kleines Dach gegen herabfallende Nässe geschützt. Die Chancen stehen gut, dass die Bewohner des Stadtviertels „Kreuzstein" auch in ferner Zukunft noch den Stein werden bestaunen können, der ihrer Gegend einst den Namen gab.

Heike Thissen

So geht's zum Kreuzstein:

Das Sühnekreuz, das dem Stadtteil Kreuzstein seinen Namen gab, steht vor dem Haus Nürnberger Straße 5.

Die von-Römer-Straße hieß früher Judengasse.

42

Von-Römer-Straße

Bewegte Geschichte der Bayreuther Juden

D as Sträßchen wirkt irgendwie friedvoll und romantisch, wie so viele Orte in Bayreuth. Was, wie Heimatkenner Dr. Frank Piontek sagt, kaum noch jemand weiß: dass die von-Römer-Straße früher zunächst „Hinter den Juden" und dann, ab 1464, „Judengasse" hieß.

Die ersten Juden siedelten sich im 13. Jahrhundert in Bayreuth an. Der Rabbiner Dr. Adolf Eckstein schreibt in seiner „Geschichte der Juden im Markgrafentum Bayreuth", dass es „Mordnachrichten aus dem Schreckensjahre 1298" gewesen seien, „die uns davon Kunde geben", dass hier „etwa um die Mitte des 13. Jahrhunderts (...) eine jüdische Ansiedlung entstanden war." Burggraf Friedrich III. (1220–1297) habe Juden „aufgenommen und mit Privilegien ausgestattet". Auch die burggräflichen Juden hätten damals als Kammerknechte des Reiches noch unter dem unmittelbaren Schutz des Kaisers gestanden, schreibt Eckstein. Doch der Kaiser sei weit weg und sein Schutz damit unwirksam gewesen. „Was der Schutz des kaiserlichen Adlers damals zu bedeuten hatte, davon legen Zeugnis ab die brennenden Scheiterhaufen, die aufflammenden Synagogen, die Hinschlachtung und Ermordung von Zahllosen, welche im Pestjahre 1348/49 dem wahnsinnigen Verdachte der Brunnenvergiftung zum Opfer fielen", schreibt Eckstein. Im darauffolgenden Jahrhundert ging es ihnen nicht besser: 20 Jahre bevor die Judengasse in den 1440er-Jahren gebaut wurde, war das Verhältnis der Juden zum Landesherren Markgraf Friedrich I. (1371–1440) „schwer eingetrübt", wie Piontek es nennt. „Er wollte 1422 alle Juden aus seinem Territorium

Dr. Frank Piontek in der geschichtsträchtigen von-Römer-Straße.

vertreiben. Der Vertrag, den er in dieser Frage mit dem Bamberger Bischof schloss, wurde allerdings noch im selben Jahr vom Kaiser kassiert." Kaiser war damals Sigismund (1368–1437), der den Juden durchaus freundlich gesonnen war. „Unklar ist, ob es vor diesem Kassieren bereits Vertreibungen gab", sagt Frank Piontek. Rabbiner Eckstein schreibt dazu: „Was der verblendete Eifer der Markgrafen etwa übrig gelassen, das werden die wilden Hussitenscharen, diese Zuchtrute des Markgrafen, (...) nahezu völlig aufgerieben haben." Faszinierend findet Piontek, dass trotz dieser schwierigen Zeiten im 14. und 15. Jahrhundert in Bayreuth eine Jeschiwa, also eine Talmudhochschule, an der sich die Schüler dem Thora-Studium widmen, bezeugt ist. „Im bayreuthisch-hohenzollerischen Reich gab es sonst keine derartige Institution", macht Piontek deutlich. Eine gute Zeit kam für die Juden unter der Herrschaft von Markgraf Albrecht Achilles (1414–1486). Der erstellte am 7. Januar 1473 einen Freibrief. Adolf Eckstein schreibt: „Wir entnehmen demselben als ein Neues die Berechtigung der Juden zum Betriebe des Kaufhandels an allen Orten des Landes." Außerdem sollten sie nicht „in der Beobachtung ihrer rituellen Gewohnheiten (...) behindert" werden. Eckstein nennt Achilles einen „der begabtesten und energischsten Hohenzollern-Sprossen (...) Unter seiner Regierung entstanden neue jüdische Ansiedelungen." Doch „kaum hatte Albrecht Achilles seine weitblickenden Adleraugen geschlossen", habe für die Juden eine schwere Zeit begonnen, wenn seine Witwe Markgräfin Anna auch Zeit ihres Lebens versuchte, sie zu schützen. 1515 habe der Landtag dann aber das erste Ausweisungsmandat erlassen. Für den Rabbiner liegt der Grund klar auf der Hand: „Die Abgeordneten der Städte, welche auf den Landtagen das Wort führten, vertreten das Interesse des Krämers und Handwerkers, der sich die jüdische Konkurrenz aus dem Wege schaffen will."

„Danach lebten bis zur Mitte des 18. Jahrhunderts nur vereinzelt Juden in Bayreuth", erzählt Frank Piontek. Sie waren vom Markgrafen und seiner Gunst abhängig. Erst unter Markgraf Friedrich III. (1711–1763) sei dann 1759 wieder eine jüdische Gemeinde gegründet worden. Friedrich gestattete auch die Einrichtung einer Synagoge. Die Gemeinde wuchs stetig, bis 1837 530 Juden in Bayreuth lebten. „Sie sorgten für einen wirtschaftlichen Aufschwung, aber Anfeindungen blieben natürlich nicht aus", sagt Piontek. „Sie wurden bis zum Ausbruch des Nationalsozialismus immer stärker." Doch das ist eine eigene, tragische Geschichte, die wir bereits ab Seite 80 erzählt haben.

Eva-Maria Bast

....

So geht's zur von-Römer-Straße:

Die von-Römer-Straße führt von der Maximilianstraße ab.

43

Arkaden

Was vom Komödienhaus übrig blieb

Zwischen der Bayreuther Stadthalle und dem Storchenhaus steht ein Gebäude, das diesen Namen eigentlich gar nicht so richtig verdient. Im linken Flügel betreibt zwar das Evangelische Jugendwerk das Schülercafe Adebar. Doch hinter dem stattlichen Torbogen in der Mitte und dem Fenster auf der rechten Seite der Fassade befindet sich rein gar nichts. Es wirkt wie der Teil einer Theaterkulisse, die noch nicht ganz abgebaut ist. Und genau genommen ist dieser Eindruck gar nicht so falsch.

„Was man dort sieht, ist die Fassade des ehemaligen markgräflichen Komödienhauses", erklärt Norbert Hübsch, Geschäftsführer des Historischen Vereins für Oberfranken. Hinter dieser Steinwand, wo heute die Mitarbeiter des Archäologischen Museums parken, ließ das Markgrafenpaar Wilhelmine (1709–1758) und Friedrich (1708–1769) im Jahr 1753 das Theater errichten. Das war nur konsequent. „Es ist überliefert, dass im 16. Jahrhundert die Bayreuther Handwerksgesellen auf dem Marktplatz Theater spielten", erinnert Hübsch an die Zeit vor 500 Jahren. Nachdem die Markgrafen ab dem 17. Jahrhundert ihre Residenz nach Bayreuth verlegt hatten, hielt auch die fürstliche Hofkultur mit Musik und Theateraufführungen in der Stadt Einzug. Mit Markgraf Christian Ernst (1644–1712) fanden die deutsche und die italienische Oper ihren Weg hierher, ebenso wie ein venezianischer Kapellmeister, italienische Kastraten und die französischen Komödien eines Molière. „Das war barockes Leben, festlich und prächtig, wenn auch etwas bescheidener als bei August dem Starken in Dresden", sagt Hübsch. Christian Ernst habe in den großen Saal im Alten Schloss dafür eine Theaterbühne einbauen lassen.

Nachdem dieser Veranstaltungsort einem Brand zum Opfer gefallen war, entstand 1753 unter Wilhelmine und Friedrich das Neue Schloss und zeitgleich mit ihm das Komödienhaus in unmittelbarer Nähe. Und das, obwohl sie inzwischen eines der größten Opernhäuser

---

Norbert Hübsch schaut durch eines der Fenster, das erst zur Reformierten Kirche und dann zum Komödienhaus gehörte.

Europas gebaut hatten. Das Markgrafenpaar glaubte, mit dem Standort den perfekten Platz gefunden zu haben, lag es doch im Hofgarten, sodass ein hölzerner Verbindungsgang dafür sorgte, dass die Komödien-Besucher selbst bei starkem Regen trockenen Fußes vom Schloss zur Aufführung gelangten.

Am 24. Januar 1754 feierte das Theater seine Eröffnung, pünktlich zum Geburtstag von Wilhelmines Bruder Friedrich dem Großen (1712–1786). „Den 24. Janr. ward der Geburts-Tag des Königes von Preußen bey Hof feyerlich begangen – Abends das neuaufgeführte prächtige Comödien-Hauß mit einem französischen Schauspiel Le Depit amoureux eingeweiht", ist der Geschichte der Stadt Bayreuth aus dem Jahr 1754 zu entnehmen. Weltmännisch startete man also mit dem Stück „Liebesärger" des Schauspielers und Autors Molière aus dem Jahr 1656 – auf Französisch natürlich. „Außer diesem allerersten Stück vom Eröffnungstag wissen wir aber leider nicht, was dort auf der Bühne gezeigt wurde", bedauert Norbert Hübsch.

Eine Fassade ohne Haus dahinter steht in der Ludwigstraße.

Lange konnten die Bayreuther Theaterfreunde das Haus in der heutigen Ludwigstraße aber ohnehin nicht nutzen. Bereits nach acht Jahren fiel der Vorhang, und nicht nur dieser: Das gesamte Gebäude – vermutlich ein Fachwerkbau – wurde abgerissen, nur die steinerne Fassade blieb erhalten. „Der Hofmaschinenmeister Spindler, der sein Haus an das Komödienhaus angebaut hatte, hatte den Markgrafen davon überzeugt, dass die Brandgefahr viel zu groß sei und das Gebäude dringend weichen müsse", erzählt Norbert Hübsch. Die Aufführungen fanden künftig in einem Theater in der Reithalle statt. Bis Ende des 19. Jahrhunderts konnten sich die Bayreuther dort Komödien, aber auch Tragödien von Wanderbühnen ansehen.

Damit wäre die Geschichte der Arkaden in der Ludwigstraße eigentlich erzählt, hätte ein gewisser Klaus Merten in seiner Dissertation zum Bayreuther Hofarchitekten Joseph Saint-Pierre (1709–1754) nicht festgestellt, dass es sich bei den markanten Torbögen sehr wahrscheinlich um die letzten Reste einer Kirche handelt. „Die fünf Bögen stammen vermutlich von der Reformierten Kirche, die einst dort stand, wo sich heute das Hauptgebäude des Neuen Schlosses befindet", erklärt Norbert Hübsch. Als das Markgrafenpaar beschloss, an jener Stelle eine Residenz zu errichten, wurde die Kirche 1753 bis auf den Rohbau abgetragen – genau in dem Jahr, in dem das Komödienhaus aufgebaut wurde. Es sieht alles danach aus, als wären fünf der acht Kirchen-Wandbögen einfach als Fassade für das Komödienhaus verwendet worden. Die drei verbliebenen standen bis ins 19. Jahrhundert auf der gegenüberliegenden Seite der Ludwigstraße und wurden dann entfernt. „Wenn man die Fassade von vorn betrachtet, sieht man, dass eigentlich alle Bögen gleich groß sind. Nur hat man für das Komödienhaus die bestehenden Kirchenfenster großteils zugemauert und kleinere Fenster eingebaut – mit Ausnahme des Bogens in der Mitte, der den Eingang bildete", macht Norbert Hübsch deutlich. Während dort also einst edel gekleidete Gäste den unterhaltsamen Aufführungen beiwohnten, essen und lernen an selber Stelle heute Bayreuther Kinder im Schülercafe Adebar. Vermutlich haben sie dort mindestens genauso viel Spaß wie Wilhelmine und Co. vor mehr als 250 Jahren.

„Die fünf Bögen stammen vermutlich von der Reformierten Kirche, die einst dort stand, wo sich heute das Hauptgebäude des Neuen Schlosses befindet."

Heike Thissen

So geht's zu den Arkaden:

Die Fassade des ehemaligen Komödienhauses steht zwischen der heutigen Stadthalle und dem Storchenhaus auf Höhe der Ludwigstraße 29.

44

Mausoleum

Grabmal einer ehemaligen Gänsemagd

D ass sie einmal so fürstlich begraben werden würde, das hätte sich die junge Emilie von Meyernberg (1828– 1915) wohl in ihren kühnsten Träumen nicht vorstellen können. Denn als was, wenn nicht als fürstlich, soll man das Mausoleum auf dem Bayreuther Stadtfriedhof bezeichnen? Der achteckige Bau mit der Kupferkuppel und dem vergoldeten Kreuz sticht aus den umliegenden Gräbern deutlich heraus. Doch wo Prunk und Pracht am Ende stehen, da standen Armut und Not am Anfang. Schließlich verbrachte die spätere Emilie von Meyernberg die ersten 18 Jahre ihres Lebens als Waisenkind namens Amalie Katharina Pfennigkuchen im Hessischen und verdingte sich als Gänsemagd. „Sie muss sehr schön gewesen sein", vermutet Historiker Norbert Aas, der immer wieder Führungen auf dem Bayreuther Stadtfriedhof anbietet. Denn als eines Tages der Bäckermeister Kirsch aus Frankfurt das junge Mädchen sah, war es augenblicklich um ihn geschehen. Er nahm sie 1847 zur Frau und hätte mit ihr vielleicht glücklich

Das Grabmal für Herzog Alexander von Württemberg und seine Gattin Emilie von Meyernberg ist auch von weitem deutlich zu erkennen.

bis an sein Lebensende gelebt, wenn nicht Herzog Alexander von Württemberg (1804–1881) ihrer beider Wege gekreuzt hätte.

Dem Bayreuther Stadtgouverneur ging es wie Kirsch: Er verliebte sich Hals über Kopf in die Frau, die in Frankfurt inzwischen als „die schöne Bäckerin" bekannt war. „Er kaufte sie dem Bäcker ab, der damit ein gutes Geschäft machte, und nahm sie zur Mätresse", erzählt Norbert

Norbert Aas steht vor dem Gitter des prächtigen Mausoleums auf dem Stadtfriedhof.

Aas. 25.000 Gulden sollen damals geflossen sein. In Bayreuth zog das verliebte Paar ins Schloss Fantaisie, das der Herzog von seiner Mutter geerbt hatte. Sie lebten in einer morganatischen Ehe, einer „Ehe zur linken Hand". Diese war für solche Verbindungen im europäischen Adel gedacht, bei der die Braut in ihrem Stand dem Bräutigam nicht ebenbürtig war – was ja im Fall von Alexander und Emilie eindeutig zutraf. Obwohl diese Form der Ehe staatlich und auch kirchlich anerkannt war, ging sie doch mit gewissen Einschränkungen hinsichtlich der Rechte der Gattin einher. Sie wurde beispielsweise nicht in die Familie des Ehemanns aufgenommen und führte weder seinen Namen noch sein Wappen. Das störte die beiden jedoch nicht weiter. Mit der Eheschließung wurde aus Amalie geb. Pfennigkuchen „Gräfin Emilie von Meyernberg", benannt nach einem Bayreuther Stadtteil.

Norbert Aas kennt aber auch noch eine andere Schattenseite der Verbindung: „Herzog Alexander hat diese Frau offensichtlich wirklich geliebt, aber seinem Sohn hat die zweite Ehe seines Vaters immer missfallen. Er hat sie als wenig standesgemäß empfunden." Sich in der Öffentlichkeit zu der Frau seines Herzens zu bekennen, obwohl diese ihm nicht ebenbürtig war, mache den Adligen rückblickend richtig sympathisch, findet Aas. Allerdings waren den beiden nur 16 Ehejahre vergönnt, bevor Herzog Alexander im Oktober 1881 auf Schloss Fantaisie starb. Emilie war ein wesentlich längeres Leben beschieden: Sie überlebte ihren Mann um 34 Jahre und starb erst im Alter von 86 Jahren am 31. März 1915. Inzwischen war sie als Wohltäterin für Stadt und Leute bekannt und wegen ihrer herzlichen Art, ihrer Güte und ihrer Anmut beliebt. Das fürstliche Grabmal scheint sie sich also redlich verdient zu haben.

Heike Thissen

So geht's zum Mausoleum:

Das Mausoleum, in dem Emilie von Meyernberg und ihr fürstlicher Gatte begraben liegen, steht auf dem Bayreuther Stadtfriedhof. Von der Aussegnungshalle in der Erlanger Straße ist es bereits deutlich zwischen den umliegenden Flachgräbern zu sehen.

Ernst-Rüdiger Kettel mag den Saubrunnen. Er weiß auch, dass er seinen Namen zu Unrecht trägt.

45

Saubrunnen

Ein ungerechtfertigter Name

Der Saubrunnen ist jedem Bewohner von St. Georgen ein Begriff. Das Gewässer am sogenannten „Brannaburger Berg" ist ein beliebter Treffpunkt, den jeder kennt und den jeder ohne Mühe findet – ob als Startpunkt für Fahrradausflüge oder für einen kleinen Plausch über den neuesten Klatsch und Tratsch. Über den tierischen Namen wundert sich dabei kaum jemand. Liegt doch auf der Hand: Das war früher eine Schweinetränke. Oder?

157

„Das denken viele", erklärt der Kenner des Stadtteils St. Georgen, Ernst-Rüdiger Kettel. „Sogar in Büchern wird das so geschrieben. Es stimmt aber nicht." Kettel kennt sich in der Geschichte des Ortes hervorragend aus und kann die Sache richtigstellen: Auf dem Platz, wo heute der Brunnen steht, habe über viele Jahrzehnte zwar sehr wohl der Saumarkt stattgefunden, bei dem Tausende von Ferkeln den Besitzer wechselten. Aus dem Steinbrunnen tranken sie dabei aber nicht. Wie hätten die Tiere auch ohne menschliche Hilfe ans Wasser im hohen Brunnenbecken gelangen sollen? Sie wären vermutlich hineingefallen. „Natürlich hatten die Tiere Durst. Aber dafür gab es einen kleinen, flachen Holzbrunnen an dieser Stelle und nicht einen Steinbrunnen wie den heutigen. Der kam erst später", sagt Kettel.

Auch wenn es die Legende behauptet: Schweine haben hier nie getrunken.

Es war der Königlich Bayerische Kommerzienrat Otto Rose (1839–1894), der St. Georgen zu dem schönen Brunnen mit dem unschönen Spitznamen verhalf. Er wohnte mit seiner Familie unweit des Platzes im Rose-Höfle am besagten „Brannaburger Berg" und störte sich an dem schäbigen Holztrog, aus dem das Vieh trank. Also habe der Unternehmer Rose den Brunnen aus heimischem Sandstein gestiftet, erklärt Kettel. Der offizielle Name des Brunnens lautet dementsprechend auch „Rose-Brunnen".

Wie kam Rose dazu, den Brunnen in Auftrag zu geben? Vermutlich wollte er seinen Mitmenschen einfach etwas Gutes tun. Denn er stammte aus einer erfolgreichen Industriellenfamilie, die vor Ort eine Zuckerfabrik betrieb und sich schon immer gesellschaftlich engagiert hatte. Mit unternehmerischem Geschick ausgestattet, gründete Otto Rose zusammen mit Carl Schüller im Januar 1889 die Neue Spinnerei, ein Unternehmen, das über viele Jahrzehnte einer der größten Arbeitgeber in Bayreuth war. Da lag es nahe, auch etwas zurückzugeben an den Ort und die Menschen.

„Es gab einen kleinen, flachen Holzbrunnen an dieser Stelle und nicht einen Steinbrunnen wie den heutigen.“

Mit Sicherheit hat ihm sein Brunnen schon damals gut gefallen. Doch wenn Otto Rose wüsste, wie liebevoll die „Brannaburger" sein Geschenk noch heute behandeln, wäre er wohl ziemlich stolz. Denn einmal im Jahr ist der Brunnen am Ende der Brandenburger Straße der schönste in der ganzen Stadt. Seit 1980 schmückt ihn der Bürgerverein „Die Brannaburger" zu Ostern mit Tausenden von bunten Eiern. „Das ist eigentlich die wichtigste Aufgabe unseres Vereins", sagt Ehrenvorsitzender Ernst-Rüdiger Kettel. Auch dann ist der Saubrunnen ein beliebter Treffpunkt. An trinkende Ferkel denkt dann allerdings niemand.

Heike Thissen

So geht's zum Saubrunnen:

Der Rose-Brunnen, der den Spitznamen „Saubrunnen" trägt, steht im Stadtteil St. Georgen, wo der Riedelsberger Weg in die Brandenburger Straße einmündet.

46

Glockengeläut

Mahnung zum Frieden, Bekenntnis zum Glauben

as sich in diesen Türmen verbirgt und knapp hundert Mal am Tag über Bayreuth erschallt, ist weit mehr als nur ein achtstimmiges Glockengeläut. Es ist Glaubensbekenntnis, Besinnung auf das Christentum, Gedenken und Mahnung für den Frieden zugleich. Und deswegen ist Stadtpfarrer Hans-Helmut Bayer auch im vierzehnten und letzten Jahr seiner Amtszeit immer noch berührt, wenn er den Glockenschlag hört. „Der Viertelstundenschlag soll an all jene erinnern, die im

„Der Viertelstundenschlag soll an all jene erinnern, die im Zweiten Weltkrieg auf den Schlachtfeldern gefallen sind. Und auch an jene, die in Bayreuth im Bombenhagel starben."

Zweiten Weltkrieg auf den Schlachtfeldern gefallen sind. Und auch an jene, die in Bayreuth im Bombenhagel starben. Er kommt von der ‚Gefallenengedächtnisglocke', die von den betroffenen Angehörigen seinerzeit gestiftet worden ist", sagt er.

Und dann gibt es, mittags um zwölf Uhr, noch ein weiteres besonderes Geläut: Zwischen dem Stundenschlag und dem Mittagsläuten folgt der so genannte Türkenschlag. Das sind drei Mal drei Schläge, die mit der größten Glocke geläutet werden, die im Turm zu finden ist. Angeordnet, erzählt der Stadtpfarrer, wurde der Türkenschlag von Markgraf Christian Ernst (1644–1712). „Er hat die Bayreuther damals auf-

„Er hat die Bayreuther damals aufgefordert, während des Läutens das Bekenntnis zum dreieinigen Gott zu beten."

gefordert, während des Läutens das Bekenntnis zum dreieinigen Gott zu beten." Und damit dem Islam, so wollte es Christian Ernst, etwas entgegenzusetzen. Um das einordnen zu können, muss man

Vom Pfarrgarten aus bietet sich nicht nur ein schöner Blick auf die Stadtkirche - auch der Glockenklang lässt sich von hier aus wunderbar genießen.

wissen, dass der Markgraf in den Türkenkriegen kämpfte, mit denen 1683 die Vertreibung der Osmanen aus Europa begann. „Er war in diesem Krieg sogar Reichsmarschall unter dem Kaiser. Das war ein

Die Gefallenengedächtnisglocke.

hohes Amt, und das, obwohl er ein protestantischer Fürst war", macht Hans-Helmut Bayer deutlich. Seither sei der Türkenschlag an der Stadtkirche beibehalten worden. „Früher gab es ihn auch in St. Georgen, aber da hat man den Schlag vor ein paar Jahren aus Gründen der ‚Political Correctness' entfernt." Müsste das nicht auch an der Stadtkirche der Fall sein? „Nein", findet Hans-Helmut Bayer. „Es geht ja in erster Linie um eine Frage der Identität: Wir bekennen uns als Christen zum dreieinigen Gott. Von daher hat dieser dreifache Glockenschlag – dem Namen der Stadtkirche ‚Heilig Dreifaltigkeit' entsprechend – für mich eine ganz große Bedeutung. Vielleicht sollte man ihn deshalb heute besser umbenennen in ‚Dreifaltigkeitsschlag'?"

Eva-Maria Bast

So geht's zu den Glockentürmen:

Die Glockentürme der Stadtkirche sind von vielen Plätzen der Stadt aus zu sehen. Die Stadtkirche steht am Kirchplatz und Kanzleistraße.

Der geheimnisvolle Stein erinnert an Napoleons Russlandfeldzug und vor allem an seine Kontrahenten.

47

Borodino-Stein

Ein Denkmal für tapfere Russen

D ie Schlacht bei Borodino rund 100 Kilometer westlich von Moskau zählt zu den blutigsten Kämpfen des 19. Jahrhunderts. Weil Napoleon (1769–1821) an jenen Tagen Ende August und Anfang September 1812 erbittert gegen das russische Heer kämpfte, starben insgesamt rund 80.000 Soldaten auf beiden Seiten. Ausgerechnet an diese verlustreiche Schlacht im Russlandfeldzug des französischen Kaisers erinnert eine Inschrift

163

auf dem Gelände des friedlichen Schlosses Fantaisie. Übersetzt lautet sie: „Den Manen (gute Sterbegeister) der tapferen russischen Armee, gefallen in der Schlacht von Borodino, genannt an der Moskwa, am 27. August – 7. September und während des denkwürdigen Feldzuges von 1812. (…) Dieses Denkmal ist ihnen gewidmet von einem ihrer Waffenbrüder." Kurioserweise ist der Text, der den Gegnern der Franzosen huldigt, auf Französisch verfasst.

Der Waffenbruder, von dem die Rede ist, ist Herzog Alexander Friedrich Karl von Württemberg (1771–1833). In jungen Jahren nutzt er Schloss und Anlage der Fantaisie als Sommerresidenz, lässt aber beides im Lauf der Jahre verkommen. Kein Wunder, so vielbeschäftigt, wie er ist: Im Alter von 29 Jahren wird er in die russische Armee aufgenommen und ist ab 1811 Gouverneur von Weißrussland. So kommt es, dass er 1812 als General der russischen Armee auch bei der Schlacht von Borodino kämpft. Was er dort erlebt, dürfte an Grausamkeit kaum zu überbieten sein. So beschreibt es auch Albrecht Adam, ein Schlachtenmaler auf Seiten der Franzosen: „Der Boden aber war von Leichen und Verwundeten übersät.

„… es war ein ununterbrochenes Hin- und Herwogen des Kampfes, ein gegenseitiges gräßliches Morden."

(…) es war ein ununterbrochenes Hin- und Herwogen des Kampfes, ein gegenseitiges gräßliches Morden." Der Kampf sei von beiden Seiten mit beispielloser Erbitterung und Hartnäckigkeit geführt worden. „Bluttriefend schleppten sich die Soldaten aus dem Kampfe, an vielen Stellen war das Feld mit Leichen bedeckt; was ich an Verwundungen und Verstümmelungen an Menschen und Pferden an diesem Tag gesehen, ist das Gräßlichste, was mir je begegnete und läßt sich nicht beschreiben", ringt Adam um Worte. Am Ende steht kein eindeutiger Sieger fest. Napoleon kann zwar nach Moskau einmarschieren, doch besiegel er damit das für die Franzosen desaströse Ende seines Russlandfeldzugs: Zwei Monate lang sind seine Soldaten ununterbrochen unterkühlt, hungrig und krank, bevor ihr Befehlshaber sich Mitte Oktober 1812 zum Rückzug entschließt, den die meisten von ihnen nicht überleben werden.

All diese Erlebnisse müssen Herzog Alexander so beschäftigt haben, dass er später im 2000 Kilometer entfernten Bayreuth einen

Stein für seine gefallenen Kameraden aufstellen ließ. Und weil Französisch die Sprache seiner Welt, nämlich die des Adels, war, sind die Zeilen nicht auf Deutsch oder auf Russisch, sondern auf Französisch verfasst. War es nun an der Zeit für ihn, sich auf dem Fantaisie-Gelände zur Ruhe zu setzen? Nein! Ab 1822 leitete er das russische Verkehrsministerium. Neben bedeutenden Wasserwegen ließ er in seinen aktiven Jahren auch die Straße zwischen Petersburg und Moskau ausbauen. Sein Lebensmittelpunkt, so viel steht fest, war Russland und nicht Bayreuth.

Der Borodino-Stein steht am Wegesrand im Wald.

Erst sein Sohn Alexander Friedrich Wilhelm (1804–1881), der ebenfalls General der russischen Armee ist, besinnt sich trotz der großen Distanz auf das kleine Juwel Fantaisie, das einst seine Großmutter Herzogin Friederike Dorothee Sophie von Württemberg (1736–1798) erworben hat. Er nutzt es von 1839 bis 1881 als Sommerresidenz und lässt sowohl Schloss als auch Garten nach seinen Vorstellungen umgestalten. Was Besucher heute bei ihrem Spaziergang sehen, stammt zu großen Teilen von ihm. So erinnert auf dem Gelände der Fantaisie eigentlich jeder Zentimeter an diesen Alexander. An den anderen Alexander, seinen Vater, erinnert dagegen nur ein wenig beachteter Felsbrocken mit Inschrift.

Heike Thissen

So geht's zum Borodino-Stein:

Der Stein, der an die Schlacht von Borodino und ihre russischen Gefallenen erinnert, steht am Verbindungsweg zwischen dem Neptunbrunnen und der Aussichtskanzel auf dem Gelände der Fantaisie.

48

Hundehaken

Richard Wagner und seine vierbeinigen Freunde

Ein Haken zwischen dem Haupteingang und den Eingängen an der Ostseite des Festspielhauses gibt Rätsel auf. Versteckt und etwas unscheinbar ist er in die Wand eingelassen. Die meisten übersehen ihn oder schenken ihm keine Beachtung. Manch einer bemerkt ihn, macht sich aber keine weiteren Gedanken. Einige wissen jedoch, welchen Zweck der Haken hat: Er dient dazu, die Leine von Hunden daran zu befestigen, damit die Vierbeiner nicht das Weite suchen und brav vor dem Festspielhaus warten. Ein Hundehaken also. Dass sich ein solcher am Festspielhaus befindet, überrascht nicht wirklich, Richard Wagner (siehe Geheimnis 14) galt schließlich als großer Hundefreund. Da liegt der Schluss doch sehr nahe, dass der Hundehaken etwas mit Wagner zu tun hat. Richard Wagner (1813–1883) habe ihn für seine Hunde anbringen lassen, sagen die einen. Es sei nicht gesichert, ob der Hundehaken von Wagner stamme, erklären die anderen, darunter auch Stephan Müller, der viele Jahre lang Leiter der Statisterie am Festspielhaus war. Und die dritten sagen, dass der Hundehaken definitiv nicht von Richard Wagner angebracht worden ist. Was stimmt denn nun?

Wenn man sich ein bisschen mit Richard Wagners Hundeliebe beschäftigt, scheint es recht unwahrscheinlich, dass er den Hundehaken montiert hat – oder montieren ließ. Viel eher hätte Wagner seine Hunde mit ins Festspielhaus genommen und sich von ihrer Anwesenheit und ihren Reaktionen auf seine Musik inspirieren lassen. Wie er etwa seinen ersten Hund, Peps, um seine Meinung bat und, wie Kerstin Decker in ihrem Buch „Richard Wagner – Mit den Augen seiner Hunde betrachtet" schreibt, durch diesen Zwergspaniel herausgefunden hat, dass „E-Dur, die Tonart der natürlichen Liebe, Es-Dur aber die der göttlichen Liebe" sei. 16 Hunde habe Wagner nachweislich in seinem Leben gehabt, erzählt Stephan Müller. Einer davon war Robber. „Den Neufundländer bekam er von dem Kaufmann Armitstead

---

Nur für Hunde: der Haken am Festspielhaus.

geschenkt, nachdem dieser einsah, dass der Hund Wagner lieber mochte als ihn." Robber begleitete das Ehepaar Wagner 1839 auf der abenteuerlichen Flucht vor seinen Gläubigern nach Paris. „Es war eine stürmische und aufregende Schiffsreise, mehrfach mussten sie Robber verstecken. Und in Paris entlief der Hund schließlich", erzählt Müller. Das habe Wagner aber nie wahrhaben wollen und gesagt, der Hund sei gestohlen worden.

Es folgten „Peps" (1844) und Fips, dann kam Pohl, der alte Jagdhund, über den er am 8. Juli 1863 an seine Freundin Mathilde Maier schreibt, Pohl „hat sich leider aber schon so sehr an mich gewöhnt, daß er mich bei dem Gedanken, durch einen jungen großen Hund (...) von mir fortgewiesen zu werden, zu sehr dauerte. Sein Alter ist sonst noch nicht störend, sondern nur im Hinblick auf die noch kurze Lebenszeit des Thieres mich bekümmernd. So hätte ich denn wieder etwas, was ich bald verlieren werde." Das geschah dann auch im Jahr 1866: Während Wagner auf einer Reise in Südfrankreich weilte, starb Pohl und wurde begraben. „Als Wagner zurückkehrte, ließ er den Hund ausgraben, in seine Pelzdecke wickeln und inszenierte ein Begräbnisritual", berichtet Stephan Müller. Dann kam Russ, der Wilde. „Manchmal hat er seinen

Ohne einen Hund, dessen Leine hier befestigt ist, ist es schwer, den Sinn dieses Hakens zu erraten.

Übermut auch an einem Schaf ausgelassen." Russ starb, wie Müller erzählt, denkbar tragisch – an einem Lungenschlag, als er hinter Wagners Wagen herrannte.

Nur neun Tage später zogen Marke und Brange bei Wagners ein. „Ab Dezember 1880 lebten am und im Festspielhaus Faf, Kunde und später Molly, die Marke am 1. Juni 1881 die drei Welpen Frisch, Freia und Fricka schenkte", sagt Müller. Russ sei übrigens neben Richard Wagner beerdigt. Auf der Grabplatte steht: „Hier ruht und wacht Wagners Russ." Und auch der Hund „Marke", der Wagner überlebte, fand seinen letzten Ruheplatz im Garten von Haus Wahnfried.

Und der Hundehaken? Stammt der nun von dem großen Komponisten? Eher nicht. Schon als Wagner die Bulldogge Leo kennenlernte, den in Ketten liegenden Hund seines damaligen Vermieters, befremdete ihn das. Und in Bayreuth ging er mit seinen Hunden im Hofgarten spazieren. Unangeleint, Strafen waren ihm egal. Hunde waren stets Richard Wagners Wegbegleiter, seine Freunde. Er wachte an ihren Körbchen, wenn sie starben, er litt, wenn er von ihnen getrennt wurde, er hatte sie immer bei sich und sie folgten ihm eher, als dass sie wegliefen. Nein, es ist unwahrscheinlich, dass Wagner den Haken anbringen ließ. Seine Hunde wären entweder mit hineingegangen oder sie hätten draußen treu auf ihr Herrchen gewartet. Wie das auch der braune Pudel „Rüpel" tat. Ab 1835 hielt Wagner ihn in Magdeburg. „Er folgte ihm bis ins Orchester", erzählt Müller schmunzelnd. „Als er dort wegen einiger allzu kritischer Äußerungen verbannt werden musste, wartete Rüpel allabendlich an der Theaterpforte auf seinen Herrn." Und zwar ohne Leine.

„Ob Richard Wagner den Haken anbringen ließ oder später sein Sohn Siegfried: Es wird sich nicht *„Zumindest dürfte das Festspielhaus das einzige Opernhaus der Welt sein, an dem ein Hundehaken angebracht ist."* mehr klären lassen", sagt Stephan Müller. „Zumindest dürfte das Festspielhaus das einzige Opernhaus der Welt sein, an dem ein Hundehaken angebracht ist. Und er ist ein spannendes Relikt, an dem sich wunderbar die Liebe Richard Wagners zu seinen vierbeinigen Begleitern erzählen lässt."

Eva-Maria Bast

....

So geht's zum Hundehaken:

Der Hundehaken befindet sich zwischen dem Haupteingang und den Eingängen an der Ostseite des Festspielhauses. Dieses steht auf dem Festspielhügel.

Schlummert vergessen knapp über der Straße: die Hochwassermarke.

49 Hochwassermarke

Würste und Brot im Waschzuber

E s ist nur ein kleiner, eingemeißelter Strich, etwa eine Handbreit über dem Boden. Darüber eingraviert: ein H, ein W und die Jahreszahl 1909. Wenn man nicht zufällig auf Höhe dieses Striches etwas verliert und sich bücken muss, um es aufzuheben, oder wenn man an den Ufern des Mains nicht nach genau solch einem Strich sucht, dann wird man ihn kaum entdecken. Er befindet sich seitlich des Garteneingangs einer wunderschönen Villa im Stadtviertel „Neuer Weg", in der Erika Bauer lebt. Das von ihrem Vater erbaute Gebäude, sagt sie, sei das einzige in der näheren Umgebung gewesen, das die Bombenangriffe im letzten Jahr des Zweiten Weltkriegs überstanden habe. Mit dem Strich und den – scheinbaren – Initialen H und W hat das aber nichts zu tun. „Die sind älter als die Villa", sagt Erika Bauer. Und die Initialen sind auch keine Initialen – zumindest nicht die eines Namens – sondern sie stehen für Hochwasser. Und 1909 ist das Jahr, in dem es besonders schlimm war. Ende Januar war massenhaft Schnee gefallen, Anfang Februar regnete und taute es, das Schmelzwasser landete im Roten Main, am Morgen des 4. Februar konnte das Flussbett die Wassermassen nicht mehr fassen. Die Turnerfeuerwehr (siehe Geheimnis 28) wurde alarmiert und bei der alten Mainbrücke eine Notbrücke gebaut. Am Abend standen die Mainstraße, die Mittelstraße und die Friedrich-Puchta-Straße unter Wasser. Der bekannte 2011 verstorbene Heimatforscher Bernd Mayer, der Bayreuth kannte wie kein anderer (siehe Nachwort), schrieb in seinem Artikel „Als die Sintflut über die Stadt hereinbrach", dass in der Mainstraße eine nach dem Lichtmessmarkt übrig gebliebene Schiffschaukel mitten im Wasser gestanden habe. Und die Zeitung berichtete, die Wassermassen hätten „ein Getöse hervor(gerufen), das sich wie ferner Kanonendonner anhörte."

Dem Rat war bekannt gewesen, dass es am Roten Main ein Hochwasserproblem gab. Immer wieder hatte es zuvor – wenn auch weitaus harmlosere – Überschwemmungen gegeben. Die Maßnahmen dagegen wurden aber hinausgezögert. Am 5. Februar 1909 gab es nichts mehr zu zögern, jetzt war die Zeit des langen Zauderns vorbei und Handeln gefragt.

„Daß Not erfinderisch macht, wurde in diesen Katastrophentagen überall sichtbar."

Familien wurden evakuiert, Brennholz kostenlos an die Betroffenen verteilt, es gab eine Sammelstelle für Kleider. „Zur Verfügung gestellt wurden auch Barzuschüsse aus dem städtischen ‚Dispositionsfonds'", schreibt Bernd Mayer.

Indes schwoll der Main bis zum darauffolgenden Tag noch weiter an und „daß Not erfinderisch macht, wurde in diesen Katastrophentagen überall sichtbar", berichtet Mayer. „So wurde die Lebensmittelversorgung in der Mittelstraße mit Hilfe eines Waschzubers sichergestellt: Er verkehrte, mit Fleisch, Würsten und Brot beladen, zwischen den Geschäften und Häusern." In den Straßen habe man Notstege und Notbrücken angelegt. Und die Buben seien mit Stelzen durch die Fluten spaziert.

Erika Bauer vor ihrem Haus „Am Main".

Der Spaß für die Stelzenläufer war allerdings schnell wieder vorbei: Bald schon war das Hochwasser überstanden und die Jungs mussten sich an Land in ihren Künsten üben. In seinem Verlauf korrigiert und damit gebändigt wurde der Rote Main erst in den 1930er-Jahren. Erika Bauer, die sich noch an Zeiten erinnert, als im Mainbett bei Niedrigwasser Schafe weideten, findet das Flussbett jetzt nicht mehr schön. Doch wenigstens ist das Mainwasser seither auch nie mehr bis zum Fuß ihres Gartens gestiegen. „Und wenn es sicher ist, dann hat es ja auch was für sich", findet die Seniorin.

Eva-Maria Bast

So geht's zur Hochwassermarke:

Die Hochwassermarke befindet sich neben dem Garteneingang zum Anwesen „Am Main 3" dicht über dem Boden.

Die Buchstaben „LSR" sind so schwer zu erkennen, dass Firmen-chef Udo Schmidt-Steingraeber vorsichtshalber auf sie deutet.

50

Luftschutz-Zeichen

Auf schnellstem Weg in Sicherheit!

Tiefe Krater klaffen in den Straßen. Lodernde Flammen schlagen aus den Häusern. Schreiende Menschen rennen um ihr Leben: Als die Alliierten im April 1945 Bayreuth ins Visier nehmen, ist der Zweite Weltkrieg mit seiner ganzen Grausamkeit und Härte endgültig in der Gauhauptstadt angekommen. Bei den vier Luftangriffen des letzten Kriegsmonats sterben 741 Menschen, darunter 82 Kinder unter 15 Jahren. Was sich damals auf den Straßen Bayreuths abgespielt haben muss, kann man sich heute nur noch schwer vorstellen. Doch gibt es an etlichen Orten in der Stadt Relikte, die noch aus jener Zeit stammen. Sie erinnern gleichermaßen an die Geschehnisse wie sie mahnen, dass so etwas wie der Zweite Weltkrieg nie mehr passieren darf.

Zu diesen Überbleibseln gehören auch Schriftzeichen an der Außenfassade des ehemaligen Liebhardt'schen Palais, wo seit 1852 die Klaviermanufaktur „Steingraeber & Söhne" erfolgreich Klaviere baut und verkauft. Rechts neben der Hofzufahrt ist in verwaschenen Buchstaben der Schriftzug „Aufnahmeraum Hofgarten" noch relativ gut zu erkennen, der auf einen Luftschutzkeller aus dem Zweiten Weltkrieg hinweist. Um weitere Zeichen, einen Pfeil und ein „LSR" für „Luftschutzraum", zu finden, muss man schon Geschäftsführer Udo Schmidt-Steingraeber fragen, so schlecht sind sie inzwischen zu sehen. „Hier unter dem Gebäude befand sich im Zweiten Weltkrieg ein Fluchtraum für die Bombennächte", erklärt er. Dafür habe sich das Steingraeber-Haus mit einem Deckengewölbe im Keller von 2,50 Metern Dicke gut geeignet. Der Raum bot Platz für 20 Leute und war mit einer Toilette sowie einer notdürftigen Wasserleitung ausgestattet. Außerdem gab es für den Notfall einen Fluchttunnel hinüber in einen der anderen Kellerräume.

Auch der Hinweis auf den „Aufnahmeraum Hofgarten" ist noch an der Fassade zu erkennen.

Mehr als 200 Fliegeralarme hat Axel Polnik für sein Buch „Die Bayreuther Feuerwehren im Dritten Reich" für die Jahre 1940 bis 1945 gezählt. Es ist wahrscheinlich, dass dabei viele Dutzend Male Menschen zusammengekauert und verängstigt unter dem Steingraeber-Haus saßen und sehnsüchtig auf Entwarnung warteten. „Die Keller sind auf jeden Fall zum Einsatz gekommen, das weiß ich aus Erzählungen von denen, die dabei waren", sagt Udo Schmidt-Steingraeber. Wie sich die Bevölkerung in diesen Fällen zu verhalten hatte, war schon zu Kriegsbeginn ganz genau geregelt:

Bereits in einer Bekanntmachung vom 1. September 1939 schreibt der öffentliche Luftschutzleiter von Bayreuth über das richtige Verhalten bei Fliegeralarm: „Die Bevölkerung, soweit sie nicht beim Sicherheits- und Hilfsdienst oder dem Werkluftschutz eingeteilt ist, begibt sich darauf völlig ruhig und geordnet in die Schutz- bzw. öffentlichen Sammelschutzräume." Oberster Grundsatz sei „keine Panik und Kopflosigkeit.

(…) Wer sein Heim zu Fuß oder mit Fahrzeug in längstens 5 Minuten erreichen kann, soll nach Hause gehen oder fahren. Alle übrigen Verkehrsteilnehmer und Einwohner verlassen sofort die Straße oder ihre Wohnräume und begeben sich in die öffentlichen Schutzräume und Sammelschutzräume, die unten aufgeführt sind." Bei den Namen der 44 Orte, die im Fall eines Luftangriffes aufzusuchen waren, ist das Steingraeber-Palais nicht aufgeführt. „Der Kellerraum war kein öffentlicher Luftschutzkeller, sondern ein privater. Hier konnten sich die Bewohner und Arbeiter des Hauses und ihre Nachbarn in Sicherheit bringen", vermutet der heutige Geschäftsführer des Traditionsunternehmens.

Das gilt wohl auch für den 11. April 1945, als um 14.45 Uhr wieder die Sirenen heulen. Fünf Minuten später sind schon die Motorengeräusche der Flugzeuge zu hören. 814 britische Soldaten in mehr als hundert Flugzeugen mit 370 Tonnen Sprengbomben und 22 Tonnen Brandbomben an Bord sind schneller da, als viele Bayreuther in die Luftschutzkeller rennen können. Der Historiker Rainer Trübsbach vermittelt in seiner „Geschichte der Stadt Bayreuth" ein beklemmend nachvollziehbares Bild von den wenigen Minuten am Nachmittag, als über Bayreuth ein Bombenteppich niederging. Demnach sinkt am 11. April 1945 um 14.53 Uhr ein so genannter Christbaum, ein Riesenbündel von Leuchtraketen, im Nordwesten der Stadt Richtung Erde. „Nach dieser Markierung kommt der Großangriff von 114 Maschinen. Der ‚Masterbomber' setzt weitere Leuchtzeichen. Um 15.07 Uhr ist eine schwarze Wolke bis dreitausend Meter Höhe gestiegen." Wie vielen Menschen die Aufschrift am Steingraeber-Haus an jenem Tag den Weg in die Sicherheit weist und das Leben rettet, ist nicht überliefert.

Heike Thissen

So geht's zu den Luftschutz-Zeichen:

Die Buchstaben und Pfeile, die auf den Luftschutzkeller unter dem Steingraeber-Haus hinweisen, sind an der Außenfassade des Gebäudes Friedrichstraße 2 zu sehen. Auf den „Aufnahmeraum Hofgarten" verweisen die Schriftzeichen rechts des Hoftores. Der Pfeil und die Buchstaben „LSR" sind unter dem fünften Fenster links des Portals mit der hölzernen Tür zu erkennen.

Nachwort

Bernd Mayer. Diesen Namen hörten wir schon, bevor wir mit unseren Recherchen für dieses Buch begannen. Der Chefredakteur des Nordbayerischen Kuriers, Joachim Braun, erzählte uns ganz zu Beginn unseres Projekts von Mayers frühem Tod, der ein großer Verlust für Bayreuth sei.

Schnell wurde uns klar, dass ein stadtgeschichtliches Buch über Bayreuth, in dem Bernd Mayer nicht gewürdigt wird, nicht denkbar ist. Der Meinung war auch die Leiterin des Historischen Museums, Dr. Sylvia Habermann. Und sie hat sich bereit erklärt, in Form dieses Nachworts über Bernd Mayer zu schreiben.

Der Meister der Stadtgeschichte und der Stadtgeschichtchen:

Bernd Mayer

„Bayreuther Geheimnisse", dies wäre ein Buch gewesen, an dem er mit Vergnügen mitgewirkt hätte, der im Dezember 2011 verstorbene Autor, Stadthistoriker und zuletzt auch Ehrenbürger Bernd Mayer. Die Relikte der Vergangenheit aufzuspüren, Stadtgeschichte und Geschichtchen ebenso kenntnisreich wie lebendig und treffend formuliert zu vermitteln, war vierzig Jahre lang seine Spezialität, die ihn über die Grenzen Bayreuths hinaus bekannt und populär machte.

Mayer war mit Leib und Seele Journalist. Beruflich war er jahrzehntelang für den Evangelischen Pressedienst tätig, doch besondere Freude machte es ihm immer, für die Süddeutsche Zeitung schreiben zu dürfen. 1981 brachte er unter dem Titel „Bayreuth wie es war" sein erstes Buch heraus, in dem er wunderbar bebildert die letzten hundert Jahre der Stadtgeschichte darstellte – und zwar vor allem die Alltagsgeschichte und die kleinen Pointen am Rande der großen Ereignisse, was damals noch recht ungewöhnlich war. Das Bayreuth des 19. und 20. Jahrhunderts wurde sein bevorzugtes Thema. So manche dunkle Ecke in der nationalsozialistischen Vergangenheit der Stadt leuchtete er als Erster aus, denn auf diesem Gebiet verfügte er über Spürsinn und Detailkenntnisse wie kein anderer. Die älteren Epochen dagegen mied er publizistisch. Wovon er zu wenig verstehe, darüber rede und schreibe er nicht, lautete sein Grundsatz.

Bernd Mayer wie man ihn kannte.

Mit Interesse und Geduld hörte er sich die Erinnerungen und Erzählungen der Leute an, ohne es gleich hochtrabend als „oral history" oder „Zeitzeugengespräch" zu deklarieren. Er war kein Wissenschaftler, er wollte auch gar keiner sein, sondern ein Hobby-Historiker. Und niemals gebärdete er sich pseudowissenschaftlich. Gerade auf diese Weise gelang es ihm, stadtgeschichtliches Interesse in breiten Kreisen der Bayreuther Bevölkerung zu wecken. Viele, die kein geschichtliches Werk mit Fußnoten und Anhängen in die Hand genommen hätten, lasen und sammelten seinen „Heimat-Kurier", den er von 1996 bis 2011 herausgab. Es war eine vom Nordbayerischen Kurier herausgegebene, sehr beliebte Zeitungsbeilage in Form eines Magazins mit kurzen Beiträgen, viele von ihm selber geschrieben und mit Bildern aus seinem Besitz. Er wollte es nicht tiefschürfend gestalten, aber sachlich, informativ und amüsant.

Daneben trug er in Jahrzehnten einen umfangreichen Bestand an „Baruthica" zusammen: Fotos, Ansichtskarten, Zeitungen, Handschriften usw., die er schließlich in eine Stiftung einbrachte und der Stadt in Obhut gab. Aus diesem Fundus konnte er auch bei seinen Publikationen und Vorträgen schöpfen. Das Sichten, Sortieren und Beschriften seiner Sammlung beglückte ihn, es brachte ruhige Stunden in ein oftmals unruhiges Dasein, und beinahe täglich beschäftigte er sich damit. Für diese Ordnungsarbeiten veranschlagte er drei bis vier Jahre, auf die er sich freute, die ihm dann aber nicht mehr vergönnt waren.

Darüber hinaus war Bernd Mayer auch Kommunalpolitiker, ohne parteipolitische Scheuklappen, doch mit überragenden Wahlergebnissen, ferner Vorsitzender des altehrwürdigen Historischen Vereins. Er war in Vereinen und in sozialen Verbänden engagiert. Und er gehörte einfach in das vertraute Stadtbild, sei es auf dem Marktplatz, im Rathaus, in seinem geliebten Herzogkeller oder mittags im Restaurant des Kaufhauses Karstadt. Seine große, hagere Gestalt, sein markantes Profil, sein freundliches, verschmitztes Lächeln, seine diversen Tweedkappen und seine Stofftaschen, voll mit Notizzetteln, Fotokopien und Zeitungen, machten ihn unverwechselbar und unvergesslich. Eines von Bernd Mayers Markenzeichen war seine etwas hektisch-nuschelige Sprechweise („Gell, ich rede heute wieder so undeutlich?"), ein anderes war eine spezifische Bewegung der rechten Hand, mit der er in nervösen Situationen die verbliebenen wirren Haarsträhnen zusammenzwirbelte, damit sie seine Glatze überdecken sollten. „Heute trägt er sein Haar wieder offen", hat ihn der Kabarettist Norbert Neugirg besungen, und Bernd Mayer zitierte das gerne.

Ein paar Jahre hätte er sich schon noch gewünscht, ein paar Ereignisse hätte er noch miterleben und ein paar Projekte noch ausführen wollen. „Mein Leben war nicht lang genug, aber es war zumindest nie langweilig", resümierte er wenige Wochen vor seinem frühen Tod.

Nun fehlt er sehr – in diesem Buch und auch sonst.

Von Dr. Sylvia Habermann,
Leiterin des Historischen Museums Bayreuth

Danksagung

Geheimnisse sind ständig einer Gefahr ausgeliefert. Der Gefahr, vergessen zu werden. Ohne Menschen, die ihr Wissen zum rechten Zeitpunkt weitergeben, würden enorme Schätze für immer verloren gehen. Wir danken all jenen, die ihr Wissen mit uns geteilt und sich viel Zeit genommen haben, um uns auf unserer Spurensuche zu begleiten.

Dem Nordbayerischen Kurier danken wir für das Vertrauen und die Unterstützung. Unser besonderer Dank gilt hier Chefredakteur Joachim Braun, der sich von unserer Idee gleich begeistert zeigte, uns mit offenen Armen empfing und mit dem die Zusammenarbeit immer sehr unkompliziert und angenehm war.

Da es die „Geheimnisse" in vielen Städten gibt, sind wir viel unterwegs und lernen viele Menschen und ihre Mentalitäten kennen. Bei den Bayreuthern fiel uns eines sehr schnell auf: Dass sie unglaublich freundlich und herzlich sind und sich sehr für die Geschichte ihrer Stadt interessieren.

Ein riesiges Dankeschön geht natürlich wie immer an unsere Familien und Freunde für die großartige Unterstützung. Und nicht zuletzt ans Team vom Bast Medien Service, das hinter den Kulissen bienenfleißig war und all die vielen Dinge tat, die bei der Entstehung eines solchen Buches getan werden müssen.

Eva-Maria Bast und Heike Thissen im Oktober 2014

Literatur und Quellen

Adam, Albrecht:
Aus dem Leben eines Schlachten-
malers. Selbstbiographie nebst einem
Anhange. o.O. 1886.

Alemannia Judaica: Zur Geschichte
der Synagoge. URL: www.alemannia-
judaica.de/bayreuth_synagoge#Zur
Geschichte der Synagoge.
Stand: 3.8.2014.

Arnal, Bernd:
Fotogeräte und -zubehör aus Oberfranken – eine Spurensuche. Teil 1:
Das Franka-Kamerawerk. Heimatbeilage zum Oberfränkischen Schulanzeiger, Nr. 326. Bayreuth 2006.

Arnal, Bernd:
Fotogeräte und -zubehör aus Oberfranken – eine Spurensuche. Teil 2: Die
anderen Namen. Heft 1. Heimatbeilage
zum Oberfränkischen Schulanzeiger,
Nr. 334. Bayreuth 2008.

Angerer, Fritz; Zühlcke, R.:
Phänomen Fensterschürzen –
Schmuckformen an Bauernhäusern im
Landkreis Bayreuth. Bayreuth 1995.

Barnick, Markus:
Wer ist wer in Bayreuth? Otto Rose.
URL: www.barnick.de/bt/wer/index.
htm. Stand: 25.7.2014.

Bayerische Verwaltung der staatlichen
Schlösser, Gärten und Seen:
Hofgarten Bayreuth – Zur Geschichte.
URL: www.bayreuth-wilhelmine.de/
deutsch/n_schloss/index.htm. Stand:
26.7.2014.

Bayerische Verwaltung der staatlichen
Schlösser, Gärten und Seen:
Markgräfin Wilhelmine. URL:
www.bayreuth-wilhelmine.de/deutsch/
wilhelm/index.htm. Stand: 26.7.2014.

Bayerische Verwaltung der staatlichen
Schlösser, Gärten und Seen:
Markgräfliches Opernhaus. URL:
www.bayreuth-wilhelmine.de/deutsch/
opernh/index.htm. Stand: 3.8.2014.

Bayerische Verwaltung der staatlichen
Schlösser, Gärten und Seen:
Schlosspark Fantaisie – Zur
Geschichte. URL: www.gartenkunst-
museum.de/deutsch/park/index.htm.
Stand: 27.7.2014.

Bayreuth. Bayern-Online:
Spitalkirche. URL: http://bayreuth.bay-
ern-online.de/die-stadt/sehenswertes/
kirchen/spitalkirche/. Stand: 28.6.2014.

Bayreuther Sonntagszeitung vom
21.3.2014.

Berger, Günther (Hrsg.):
Memoiren einer preußischen Königs-
tochter. Markgräfin Wilhelmine von
Bayreuth. Bayreuth 2007.

Bermbach, Udo:
Mythos Wagner. Berlin 2013.

Brockhaus Geschichte:
Hugenotten. Gütersloh 2005, S. 375 f.

Conrad, Herbert:
Vor 75 Jahren fiel das Mühltürlein.
Monatsbeilage des Nordbayerischen
Kuriers, Nr. 3. Bayreuth 1970.

Decker, Kerstin:
Richard Wagner – Mit den Augen seiner Hunde betrachtet. Berlin 2013.

Deutscher Adelsrechtsausschuss:
Morganatische Ehe. URL: www.adels-
recht.de/Lexikon/M/Morganatische_
Ehe/morganatische_ehe.html. Stand:
31.7.2014.

Deutsches Historisches Museum:
Bekennende Kirche: URL: www.dhm.
de/lemo/html/nazi/innenpolitik/
bekennende/. Stand: 5.8.2014.

Eckstein, Adolf:
Geschichte der Juden im Markgrafentum Bayreuth. Seligsberg 1907.

Engelbrecht, Wilfried:
Prostitution im alten Bayreuth – Porno-
grafischer Streifzug durch die Stadtgeschichte (1459–1934). Bayreuth 2014.

Engelbrecht, Wilfried:
„Unsser libs goczhawss sant Marie mag-
dalene, Anmerkungen zur Bauge-
schichte der Bayreuther Stadtkirche.“ In:
Historischer Verein für Oberfranken
(Hrsg.): Archiv für die Geschichte von
Oberfranken. Bayreuth 1991.

Evangelische Kirchengemeinde
St. Georgen in Bayreuth:
Gemeindebrief Juni–Juli 2005. Bayreuth
2005.

Evangelisch-Lutherische Kirchengemeinde Bayreuth:
Stadtkirche. URL: www.stadtkirche-bay-
reuth.de/stadtkirche. Stand: 3.7.2014.

Fichtelgebirgsverein e.V.:
Der Markgrafenbrunnen in Bayreuth.
URL: www.bayern-fichtelgebirge.de/
gewaesserkunde/bt_markgrafenbrun-
nen.htm. Stand: 29.7.2014.

Fischer, Horst:
Häuserbuch der Stadt Bayreuth – ein
Beitrag zur städtischen Entwicklungsge-
schichte. Band 2. Bayreuth 1991.

Fränkische Presse vom 10.6.1964,
13./14.6.1964.

Fränkischer Heimatbote. Ausgabe 10/1972. Bayreuth 1972.

Freimaurerloge „Eleusis zur Verschwiegenheit“:
Die Logengeschichte. URL: www.eleusis-zur-verschwiegenheit.de/geschichte.html. Stand: 23.7.2014.

Freundeskreis „Schloss St. Georgen“:
Das Prinzessinnenhaus. URL: www.ordensschloss.de/Prinzessinnenhausalt.html. Stand: 30.7.2014.

Friedrich-Alexander-Universität Erlangen-Nürnberg:
Kleine Geschichte der Friedrich-Alexander-Universität. URL: www.uni-erlangen.de/universitaet/historie.shtml. Stand: 30.7.2014.

Geck, Martin:
Wagner, Biographie. München 2012.

Geschichtswerkstatt Bayreuth:
Die Geschichte der jüdischen Bayreuther 1759–1945. URL: www.geschichtswerkstatt-bayreuth.de/juedische.htm. Stand: 3.8.2014.

Geschichtswerkstatt Bayreuth:
Umgeguckt und hinterfragt. Ein kritischer Spaziergang durch die Geschichte der Stadt Bayreuth. Bayreuth 1992, S. 41 ff.

Habermann, Dr. Sylvia:
„Erinnerungen an Bayreuths ‚Schwolleschee‘.“ In: Heimat-Kurier 33, Jahrgang Nr.1, Bayreuth 2000, S. 10–11.

Haas, Helmut:
„Bayreuths soziale Einrichtungen.“ In: Historischer Verein für Oberfranken (Hrsg.): Archiv für Geschichte von Oberfranken. 86. Band. Bayreuth 2006, S. 161–210, zum Siechenhaus bes. S. 198–200.

Herrmann, Franz (Hrsg.):
Bayreuther Markgrafen-Büchlein. Kurze Geschichte des ehemaligen Fürstentums Bayreuth. Eine Denkschrift zur Feier der 100-jährigen Zugehörigkeit dieses Fürstentums zur Krone Bayern. Bayreuth 1910, S. 45–50.

Herterich, Kurt:
Durchs südwestliche Bayreuth. Bayreuth 2001, S. 122.

Herzog, Rainer:
Die Schwarzerle in der Gartenkunst. Ausgewählte Beispiele aus Bayern und Franken. URL: www.lwf.bayern.de/mam/cms04/wissenstransfer/dateien/w42_die_schwarzerle_in_der_gartenkunst.pdf. Stand: 31.7.2014.

Historische Commission bei der königlichen Akademie der Wissenschaften: Allgemeine Deutsche Biographie – Christian von Kulmbach. Band 4. Leipzig 1876, S. 159–162.

Historisches Franken: Sprechende Steine im Schlosspark Fantaisie. URL: www.historisches-franken.de/schloss-fantaisie/schloss/park_steine.htm. Stand: 27.7.2014.

Kornek, Bernd: Die wahre Schützenliesl. URL: www.schuetzenliesl.de/ Stand: 14.4.2014.

Kuhnert, Reinhold P.: „... Die freudig ihr Leben für König und Vaterland hingaben." Das Bayreuther Reiterdenkmal des 6.Chevaulegers-Regiment (Kreß). In: Historischer Verein für Oberfranken (Hrsg.): Archiv für Geschichte von Oberfranken. 85. Band. Bayreuth 2005, S. 283–304.

Lippert, Friedrich: „Drei Wohltätigkeitsanstalten Bayreuths im Mittelalter." In: Heimatkunde 3. Jahrgang, Nr. 22. 1925.

Lowell, Edward J.: Die Hessen und die anderen deutschen Hilfstruppen im Kriege Gross-Britanniens gegen Amerika 1776–1783. Braunschweig/Leipzig 1902.

Lunz, Ludwig: Das Fürstentum Bayreuth-Kulmbach. Heimat- und Volkskunde Nr. 15. Bayreuth 1930.

Mayer, Bernd: „Als die Sintflut über die Stadt hereinbrach." In: Heimat-Kurier 30. Jahrgang Nr. 5, 1997, S. 4–5.

Mayer, Bernd: „Der göttliche Vetter machte sie unsterblich." In: Bibliotheca Augustana: Wolfgang Amadeus Mozart. 2. Brief. URL: www.hs-augsburg.de/~harsch/germanica/Chronologie/18Jh/Mozart/moz_br03.html 2. Brief (364). Stand: 29.6.2014.

Mayer, Bernd: „Der tragische Tod der Stecknadelbraut." In: ders.: Bayreuther G'schichtla. Kurioses aus der Stadthistorie. Bayreuth 2002, S. 40 f.

Mayer, Bernd: „Die schöne Emilie von Meyernberg." In: ders.: Bayreuther G'schichtla. Kurioses aus der Stadthistorie. Bayreuth 2002, S. 44–47.

Mayer, Bernd: Kleine Bayreuther Stadtgeschichte. Regensburg 2010.

Mayer, Bernd:
„Seeschlachten im Brannaburger." In:
ders.: Bayreuther G'schichtla. Kurioses
aus der Stadthistorie. Bayreuth 2002,
S. 12–14.

Mayer, Bernd:
„Seit 300 Jahren in Bayreuth verwurzelt." In: Nordbayerischer Kurier. Ver-
lagsbeilage vom 22.7.2011, S. 19.

Meier-Gesees, Karl:
„Das Brandenburger Zwerglein." In:
Frankenheimat, 5. Jahrgang Nr. 11,
Bayreuth 1954.

Meyer, Franz Simon:
Bayreuth – Figuren und Statuen. Bayreuth 2007, S. 16–17.

Merten, Klaus:
„Der Bayreuther Hofarchitekt Joseph
Saint-Pierre." In: Historischer Verein
für Oberfranken (Hrsg.): Archiv für
Geschichte von Oberfranken. 44.
Band. Bayreuth 1964.

Meyer, Franz Simon:
Bayreuth – Figuren und Statuen. Bayreuth 2007.

Müssel, Karl:
Bayreuth in acht Jahrhunderten. Bindlach 1993.

Müssel, Karl:
„Der kleine Wilhelm am Bayreuther
Hof – Kammerzwerg Laubenberg und
der ‚Zwergleinsstein'." In: Fränkischer
Heimatbote, 18. Jahrgang, November
1985.

Müssel, Karl:
„Ein echter Zwerg als Hochzeitsge-
schenk." In: Heimatbote, 26. Jahrgang,
Nr. 1, Bayreuth 1993.

Niggemann, Ulrike:
„Die Hugenotten in Brandenburg-
Bayreuth. Immigrationspolitik als
‚kommunikativer Prozeß'." In: Hugenotten und deutsche Territorialstaaten,
Immigrationspolitik und Integrations-
prozesse. München 2007, S. 107 ff.

Nordbayerischer Kurier vom
14.12.1968.

Oberfrankenstiftung:
Das Gebäude der Regierung von
Oberfranken. Bayreuth 1998.

Oster, Uwe A.:
„Nach Italien, nach Italien: Wilhelmine von Bayreuth und die Antike."
In: Damals. Das Magazin für
Geschichte und Kultur. Ausgabe
11/2004. Leinfelden-Echterdingen
2004.

Paulus, Helmut; Hübschmann, E.:
Die „Reichskristallnacht" 1938 in Bayreuth. Herausgegeben von der
Geschichtswerkstatt Bayreuth. Bayreuth 1998.

Polnik, Axel:
150 Jahre Freiwillige Feuerwehr Bayreuth. Bayreuth 2011.

Polnik, Axel:
Die Bayreuther Feuerwehren im Dritten Reich. Norderstedt 2011.

Rabenstein, Christoph; Werner, R.:
St. Georgen – Bilder und Geschichten.
Bayreuth 1994.

Regierung von Oberfranken:
Synagoge in Bayreuth: Regierung von
Oberfranken bewilligt 480.000 Euro
für die Sanierung und Neugestaltung.
Pressemitteilung-Nr. 062/13 vom
27.6.2013.

Reiche, Jobst C.E. von:
Fantaisie. Nachdruck der Ausgabe von
1796. Erlangen 1980.

Richard Wagner an Mathilde Maier.
(1862–1878), Leipzig 1930.

Röll, Thomas:
Geheimbund: Männerkreis mit Riten.
URL: www.focus.de/wissen/mensch/
geschichte/tid-15972/geheimbund-
maennerkreis-mit-riten_aid_443646.
html. Stand: 23.7.2014.

Scherr, Johannes:
Deutsche Kultur- und Sittengeschichte.
Band 3: Die neue Zeit. Paderborn
2013.

Schloss Fantaisie:
Historische Betrachtungen. URL:
www.schloss-fantaisie.de/schloss/his-
torie.htm. Stand: 31.7.2014.

Schmidt, Gustav:
Die Bayreuther Markgrafen. Eine
Zusammenschau. Heimatbeilage zum
Oberfränkischen Schulanzeiger, Nr.
273. Bayreuth 2000.

Schwarz-Winkelhofer, Inge; Bieder-
mann, H.:
Das Buch der Zeichen und Symbole.
Graz 1972.

Schwemmlein, Bernd:
„Zum Sehen geboren, zum Schauen
bestellt – Von Türmern und Türmen
der Bayreuther Stadtkirche." Bro-
schüre, o.O., o.J.

Stadt Bayreuth:
Auf den Spuren jüdischen Lebens in
Bayreuth. URL: www.bayreuth.de/
files/pdf/tourismus/folder_jue-
disch_10_08-3.pdf. Stand: 30.6.2014.

Stadtarchiv Nürnberg:
Nürnberger Frauenhausordnung, 15.
Jh., Rep. 52b, Reichsstadt Nürnberg,
Amts- u. Standbücher, Nr. 231, fol.
374r–379v.

Steffel, Georg:
Chronik der Schlosskirche. Bayreuth
1999, S. 64.

Steffel, Georg:
„Der Bayreuther Schlossturm." In:
Historischer Verein für Oberfranken
(Hrsg.): Archiv für Geschichte von
Oberfranken. Band 83. Bayreuth 2003,
S. 187–222.

Steffel, Georg:
„Die rätselhaften Rillen." In: Historischer Verein für Oberfranken (Hrsg.):
Archiv für Geschichte von Oberfranken. Band 86. Bayreuth 2006, S. 255 ff.

Steffel, Georg:
Religionsexerzitium und Gottesdienst-
räume der Bayreuther Katholiken nach
der Reformation bis 1813. Sonder-
druck aus dem Archiv für Geschichte
von Oberfranken. Band 70. Bayreuth
1991.

Tabarasi, Ana-Stanca:
Der Landschaftsgarten als Lebensmo-
dell: Zur Symbolik der „Gartenrevolu-
tion" in Europa. Würzburg 2007.

Trübsbach, Rainer:
Geschichte der Stadt Bayreuth 1194–
1994. Bayreuth 1993.

Ullrich, Irmgard:
„Sühnemal für Mordtat im 16. Jahrhundert." In: Heimatkurier, Nr.
6/1997. Bayreuth 1997, S. 7.

Universität Bayreuth:
Ein Blick zurück. URL: www.uni-bay-
reuth.de/universitaet/geschichte/index.
html. Stand: 30.7.2014.

Wikipedia:
Antoniuskreuz. URL: http://de.wikipe-
dia.org/wiki/Antoniuskreuz. Stand:
1.4.2014.

Wikipedia:
Hans Schemm. URL: http://de.wikipe-
dia.org/wiki/Hans_Schemm. Stand:
28.6.2014.

Fotos:
Harbach, Andreas: Seite 77.
Nordbayerischer Kurier: Seite 177.
Roth, Martin: Seite 42.
Trausch, Brigitte: Seite 72.

Haftungsausschluss

Trotz intensivem Austausch mit unseren Gesprächspartnern, gewissenhafter Literaturrecherche und aufmerksamem Korrekturlesen erheben wir weder einen Anspruch auf Vollständigkeit noch auf Fehlerlosigkeit. Wir haben streng darauf geachtet, keine Urheberrechte zu verletzen, unsere Recherchen sind nach bestem Wissen und Gewissen erfolgt. Dennoch übernehmen wir keinerlei Gewähr für die Aktualität, Korrektheit oder Vollständigkeit der bereitgestellten Informationen. Haftungsansprüche gegen uns schließen wir grundsätzlich aus.

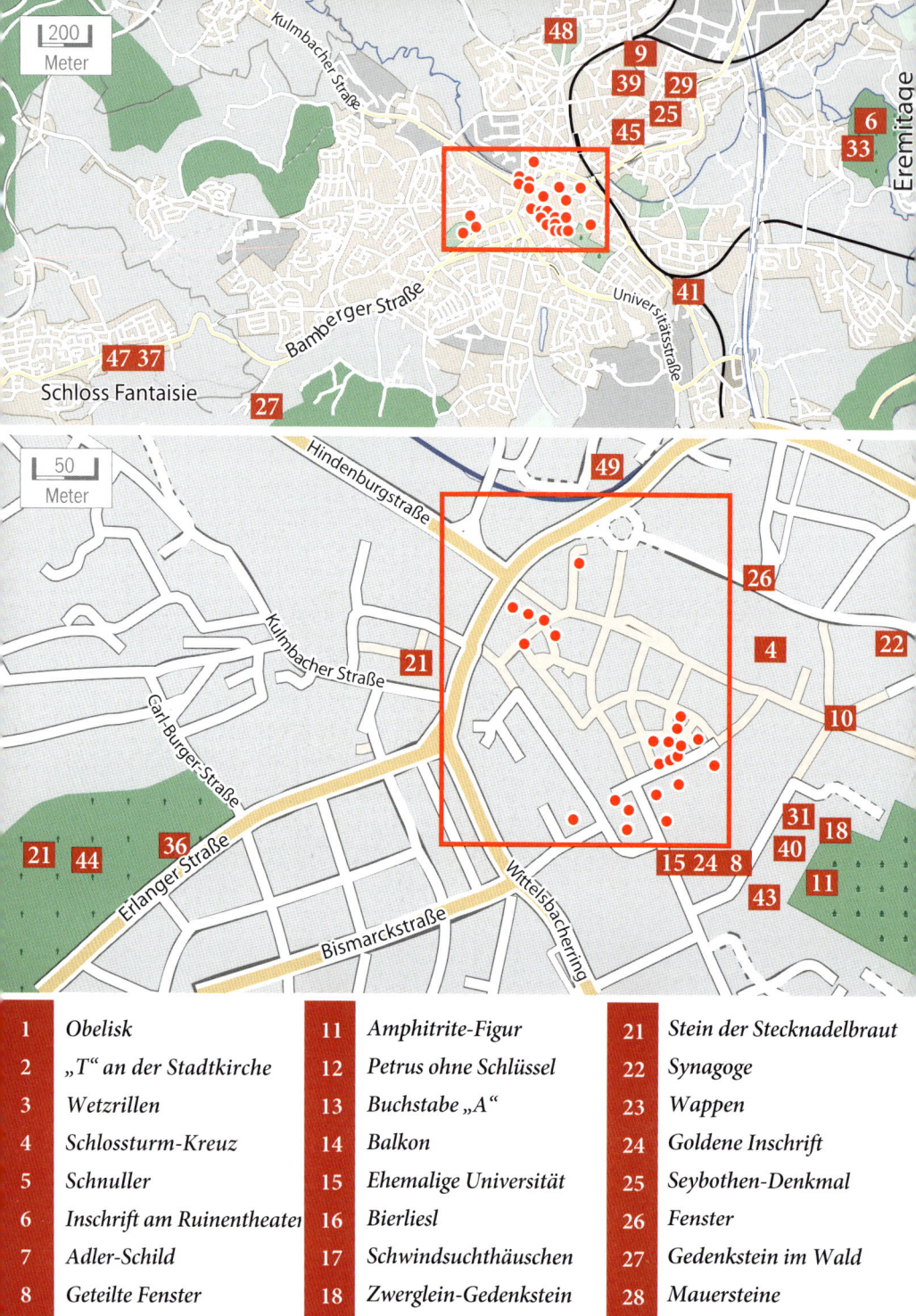

Maps (top and bottom) showing numbered location markers:

Top map (scale 200 Meter):
- Kulmbacher Straße
- 48
- 9
- 39, 29
- 25
- 45
- 6, 33
- Eremitage
- Bamberger Straße
- Universitätsstraße
- 41
- 47 37
- Schloss Fantaisie
- 27

Bottom map (scale 50 Meter):
- Hindenburgstraße
- 49
- 26
- Kulmbacher Straße
- 21
- 22
- 4
- 10
- Carl-Burger-Straße
- Erlanger Straße
- 31, 18
- 40
- 36
- 15 24 8
- 11
- 43
- 21, 44
- Bismarckstraße
- Wittelsbacherring

1	Obelisk	11	Amphitrite-Figur	21	Stein der Stecknadelbraut
2	„T" an der Stadtkirche	12	Petrus ohne Schlüssel	22	Synagoge
3	Wetzrillen	13	Buchstabe „A"	23	Wappen
4	Schlossturm-Kreuz	14	Balkon	24	Goldene Inschrift
5	Schnuller	15	Ehemalige Universität	25	Seybothen-Denkmal
6	Inschrift am Ruinentheater	16	Bierliesl	26	Fenster
7	Adler-Schild	17	Schwindsuchthäuschen	27	Gedenkstein im Wald
8	Geteilte Fenster	18	Zwerglein-Gedenkstein	28	Mauersteine
9	Matrosengasse	19	Fensterschürzen	29	Altes Firmengebäude
10	Reiterbrunnen	20	Frauengasse	30	Zersplittertes Fenster

SIE WOLLEN NOCH
mehr über Bayreuth erfahren?

Hier gibt es sachkundige Informationen:

Bayreuther Marketing & Tourismus GmbH:
Stadt-, Genuß- und Erlebnisführungen zu
den unterschiedlichsten Themen
Opernstraße 22 | 95444 Bayreuth
Telefon: 0921 / 885 88
E-Mail: info@bayreuth-tourismus.de
Homepage: www.bayreuth-tourismus.de

Historisches Museum Bayreuth
Kirchplatz 4 | 95444 Bayreuth
Telefon: 0921 / 764 010
E-Mail: historischesmuseum@bayreuth.de
Öffnungszeiten: Di.–So. von 10–17 Uhr,
im Juli / August auch Mo. von 10–17 Uhr.

Stephan Müller
Stadtrat, Gästeführer
Verschiedene Erlebnis- und Themen-
führungen. Buchbar über die Tourismus-
zentrale, Telefon: 0921 / 885 88

Andreas Harbach
Fotoproduktionen, Presse- und
Auftragsfotografie
Hagenstr. 15 | 95448 Bayreuth
Telefon: 0151 / 183 684 94
E-Mail: kontakt@andreasharbach.de
Homepage: www.andreasharbach.de

Dr. Frank Piontek
Kulturwissenschaftler.
Stadtführungen zur äußerst vielfältigen
Musik-, Literatur- und Stadtgeschichte,
auch zum Bayreuth-Besucher Goethe, den
er für die Stadt „entdeckte".
Telefon: 0921/560 67 59
E-Mail: drpiopiontek@gmx.de

Brigitte Trausch
Vorsitzende des Vereins „Rettet die Fach-
werk- und Sandsteinhäuser! e.V.",
Führungen zu Bürger- und Bauernhäusern
mit den einzigartigen „Fensterschürzen".
Lahnstraße 12 | 95445 Bayreuth
Telefon: 0921 / 441 30
E-Mail: brigitte.trausch@t-online.de
Homepage: www.rettetdiefachwerk-und-
sandsteinhaeuser.de

Publikationen:

Bayreuth erleben. Bernd Mayer; Sylvia
Habermann. Veitshöchheim 2012.

Bayreuther Festspielgeschichten – Der
Wurm ohne Hals. Stephan Müller.
Bayreuth 2012.

Die Bayreuther Feuerwehren im Dritten
Reich. Axel Polnik. Norderstedt 2011.

Geschichten und Ansichten von Seulbitz.
Joachim Schmidt. Bayreuth 2012.

Größlers Manne, Graf Gravina und Mar-
quis Salou – Geschichten und Anekdoten
aus Bayreuth. Stephan Müller. Bayreuth
2011.

Prostitution im alten Bayreuth – Pornogra-
fischer Streifzug durch die Stadtgeschichte
(1459–1974). Wilfried Engelbrecht. Bayreuth 2014.

150 Jahre Bayreuther Turnerschaft.
Stephan Müller. Bayreuth 2011.

Spannende Romane

Vergissmichnicht

Die Journalistin Alexandra Tuleit stößt auf einen mysteriösen Mordfall, der sich 1980 in Überlingen ereignet hat. Der Täter wurde nie gefasst. Wenig später wird ihre Informantin tot aufgefunden. Zur gleichen Zeit verschwindet in Südfrankreich eine Frau – und die Spuren führen nach Überlingen und Konstanz ...

Ein spannender Krimi mit viel Lokalkolorit vor der traumhaften Kulisse des Bodensees.

Eva-Maria Bast, Vergissmichnicht: Der erste Fall für Alexandra Tuleit und Ole Strobehn. 280 Seiten. Gmeiner-Verlag 2012. ISBN: 978-3-8392-1338-4

Tulpentanz

Der junge Geliebte der Firmenchefin Helena Eichenhaun wird am Bodenseeufer tot aufgefunden. Zeitgleich verschwindet in Aalen die Pfeife des Spions – eines Wahrzeichens der Stadt. Alexandra Tuleit und Kommissar Ole Strobehn enthüllen eine unglaubliche Geschichte, die tief in die Vergangenheit führt ...

Hochspannung zwischen Aalen und dem Bodensee!

Eva-Maria Bast, Tulpentanz: Der zweite Fall für Alexandra Tuleit und Ole Strobehn. 410 Seiten. Gmeiner-Verlag 2013. ISBN: 978-3-8392-1413-8

Mondjahre

Deutsches Reich 1914. Johanna, Sophie und Luise sind drei mutige, starke und schöne junge Frauen, die Zukunft liegt verheißungsvoll vor ihnen. Doch dann bricht der Krieg aus und zeigt ihnen das Leben von seiner finstersten Seite. Sophie erwartet ein Kind von einem Franzosen, der jetzt Feind ist, Luise und Johanna geraten in russische Gefangenschaft. Der Krieg verlangt ihnen alles ab. Aber er macht sie auch stärker.

Frauenschicksale in Ostpreußen und am Bodensee.

Eva-Maria Bast, Mondjahre. 466 Seiten. Gmeiner-Verlag 2014. ISBN: 978-3-8392-1545-6